¿QUÉ HACER?

PERDÍ MI EMPLEO

Cómo superar ese difícil momento

CLAUDIO DE CASTRO

Copyright © 2017 Claudio de Castro

All rights reserved.

ISBN-13:
978-1975950224

ISBN-10:
1975950224

DEDICATORIA

A mi esposa Vida quien siempre me apoyó.
A todos los que, día a día, luchan por sacar adelante a sus familias, y a aquellos que un día perdieron sus empleos, una experiencia desagradable, pero que de alguna manera buscaron nuevos horizontes y oportunidades, y **nos mostraron que la adversidad no es el final del camino.**

CONTENIDO

INTRODUCCIÓN	5
DÍAS DESPUÉS	9
CONFIARÉ	10
CRISTO ESTÁ CONMIGO	13
LA GRAN AVENTURA	15
PREPÁRATE PARA LA PRUEBA	19
DIOS PROVEERÁ.................................	21
¿QUÉ AGRADA A DIOS?	23
SOY ESPECIAL PARA DIOS	25
LOS PROBLEMAS	29
SIN TRABAJO	31
EL SANTO ABANDONO	35
LAS SORPRESAS DE DIOS	39
CONFIAR	41
PENSANDO EN DIOS	42
HABLANDO CON SAN JOSÉ	44
LA DECISIÓN	45
EL PLAN	47
LAS CAÍDAS	48
CUANDO DIOS LO QUIERE	49
UNA SEÑAL	51

EL VIDEO DE CHIARA	53
LA EDITORIAL	55
LA TÉCNICA DE MOISÉS	59
CUANDO CONFÍAS EN DIOS	61
BUSCANDO A DIOS	63
LOS CAMINOS DE DIOS	65
VISITANDO A JESÚS	66
LOS NUEVOS LIBROS	67
BAJO EL MANTO DE LA VIRGEN	69
EL SILENCIO DE DIOS	73
¿POR QUÉ LO HACEMOS?	75
AL AMPARO DE DIOS	79
UN BICHO RARO	81
MEJOR ENVÍA A OTRO	85
EN UN ORATORIO	89
NO TEMAS	91
UN LIBRO ESPECIAL	97
SOMOS SUS PEQUEÑOS	100
UN ACTO DE FE	101
EN UNA ENCRUCIJADA	104
DIOS ESTÁ CERCA	107
¿QUÉ HACER?	113
SER EXITOSO	117

RECONOCIMIENTO

A todas aquellas personas que creyeron en este proyecto y desinteresadamente me ayudaron a culminarlo, sabiendo que de alguna manera sería de gran bendición para ti, que ahora lees estas palabras.

INTRODUCCIÓN

Todo empezó una mañana de junio.

Los eventos que cambian tu vida no suelen avisar. Llegan de pronto, inesperadamente. Así me pasó a mí. Me sentía dueño de la empresa, indispensable...

En el trabajo reinaba una especie de ansiedad. Todos iban y venían con una preocupación que les saltaba a la vista. Había visto antes estos síntomas. Era evidente. Despedirían a un compañero.

Traté de pensar quién podría ser. Me descarté de primero en vista que llevaba casi diez años en la empresa.

Me concentré en terminar el trabajo atrasado y no me di cuenta que todos pasaban frente a mí, se detenían un momento y me miraban con tristeza, como diciendo: *"Pobrecillo"*.

Casi al medio día estaba claro que la persona que despedirían era yo. Procuraba sonreír mostrando algo de despreocupación. Pero en realidad era una sonrisa falsa.

Pensé en mi familia, la casa que recién había comprado hipotecándola con el banco, el colegio de los niños.

A golpe de medio día una secretaria me llamó por teléfono:

—Lo necesitan en la gerencia.

Respiré hondo y me encaminé hacia allá con paso lento, recordando el primer día que llegué a esa empresa. Estaba lleno de ilusiones, cambiaría al mundo, demostraría lo que valía. Pero ni lo uno ni lo otro importó.

Por algún motivo sentía mía aquella empresa, y a los dueños los pensaba como parte de mi familia. No sé si alguna vez lo has experimentado, es como un sentimiento de impotencia. Vas a tomar un trago amargo y nada de lo que hagas podrá impedirlo.

—Lo sentimos — me dijeron —, pero la empresa está pasando un mal momento y no puede conservar tu puesto.

Pensé en algunas frases de despedida, quería tener la última palabra, dejar algo por lo que pudieran recordarme. Pero no se me ocurrió nada,

—No pasa nada — respondí —, tengo dos manos, dos pies, dos ojos… y algo bueno, o mejor vendrá. De todos modos deseo dejar constancia de mi agradecimiento. Me permitieron ser parte de ustedes, de la empresa, la familia… y a aprendí mucho. La única palabra que me brota del alma es muy sencilla: "gracias".

Me entregaron el finiquito, me levanté de la silla y salí de aquella oficina casi temblando, descorazonado.

Empezaba una nueva etapa en mi vida, una aventura desconocida.

Tendría que ir a casa y contarle a mi esposa, rehacer nuestros planes. Y confiar.

En ese momento entraba a formar parte de los que están en paro, desempleados. Había perdido no sólo mi trabajo, sino también mi seguridad. Siempre confié en que si me esforzaba me jubilaría en aquél lugar. Me daba tranquilidad recibir un salario fijo, cada mes, saber que al levantarme cada mañana tenía la posibilidad de sostener a mi familia.

Una gran incertidumbre empezó a nacer en mí.

Seguro era un error y al día siguiente me llamarían para que volviera.

Era un poco ingenuo. Siempre pensé que los dueños me consideraban uno más con ellos.

* * *

Dentro de algunos años las personas dirán: "¿En serio? ¿En aquellos años trabajaban 8 horas por un salario?"

Te turbas con demasiada facilidad.
Es que no tienes el corazón puesto en el cielo.

DÍAS DESPUÉS...

Pasaron los días y esa llamada nunca llegó. Tendría que hacer mi currículo, buscar plantillas para hacerlo correctamente. Estaba un poco desubicado.

La verdad, en esos días, no sabía qué hacer. Estaba tan acostumbrado a la rutina de mi trabajo, a la seguridad que me brindaba que cuando lo perdí, me sentí literalmente en el aire, indefenso. Las "ofertas de empleo" no eran para personas de mi edad.

Nunca se me ocurrió hacer algo por mi cuenta. Me sentía muy cómodo trabajando para otros, demostrándoles lo que sabía hacer, el valor añadido que le brindaba a la empresa.

Entonces tomé una resolución que lo cambió todo: *"Confiaría. A pesar de todo, confiaría en Dios"*.

¿Cómo saber si esto era para bien mío? Tal vez estaba muy cómodo en aquél trabajo y Dios me daba un empujoncito para que emprendiera algo nuevo y maravilloso. Un amigo me dio la clave. Me dijo:

"Dios te está poniendo en movimiento. Algo mejor viene en camino".

CONFIARÉ

Cuando perdí mi trabajo se presentaron dos opciones ante mí:

1) Confiar en Dios
2) Desesperar y luchar contra el mundo

Voluntariamente, tomé una decisión que cambiaría mi vida.

"Confiaré en Dios", me dije, "a pesar de todo". "Creeré en sus Promesas".

Dios sabe cómo mostrarnos sus caminos, casi siempre inesperados. Te va llamando poco a poco, llenándote de regalos, mostrándote su Misericordia.

Vives de la gracia, para después vivir de la fe.

Tantas veces me pasó que no supe reconocer su presencia Amorosa. Y ahora que lo medito, lo descubro hasta en las cosas más pequeñas, lo cotidiano, lo que pasa desapercibido. Dios nos llama para que volvamos la mirada al cielo. Para que anhelemos la eternidad.

Vivo nuevas experiencias, que antes ni siquiera imaginé.

Y me lleno de emoción cuando pienso en el buen Dios, nuestro Padre.

Llevo trece años escribiendo mis vivencias con el buen Dios y las de muchos que las comparten conmigo ilusionados por este gran descubrimiento: *"Dios es nuestro Padre y nos ama inmensamente"*.

Publico mis libros en los que comparto estas vivencias maravillosas. Y el buen Dios me ha permitido dedicarme a Él y a mi familia de lleno. Es sorprendente. Nada me ha faltado.

Descubro la Providencia de formas sorprendentes. Esto es un tesoro. Y me digo: "¿Cómo no lo descubrí antes?" Entre el mundo y Dios, elijo a Dios. Entre lo temporal y lo eterno, elijo la eternidad. Hace poco necesitaba una suma elevada para publicar varios de nuestros libros. No contaba con el dinero y se me ocurrió contarle este problema a Jesús Sacramentado. Le hablé con la naturalidad que se la habla a un amigo, porque es mi mejor amigo.

> *"Mira Jesús que ya terminé los libros, y necesito hacer un abono a la imprenta. No tengo el dinero. Si deseas que los publique, por favor, ayúdame a conseguir esta suma".*

Dos días después recibí un mail de la editorial Paulinas en Brasil. Deseaban publicar uno de mis libros, "Setenta veces siete, el Camino del Perdón", traducido al portugués. "Tenemos un problema para enviarle los derechos de autor poco a poco", me explicaron, "por los impuestos locales.

Si usted acepta, mañana le enviamos la suma completa de sus derechos de autor". ¡Era la cantidad exacta que le pedí a Jesús!

Por supuesto, acepté. Al día siguiente recibí el dinero y aboné los libros.

Dios consiente a sus hijos y en ocasiones no hay que pedirle. Él sabe de antemano lo que necesitamos.

Recuerdo siempre con emoción la vez que Salí del trabajo y me encontré con que los estudiantes habían cerrado las calles, protestando por el alto costo de la vida. No podría llegar a mi casa para el almuerzo. *"Cuánto me gustaría una comida casera",* pensé. Y conduje hasta un lugar donde venden emparedados. En el camino vi a una monjita franciscana esperando un taxi. Como tenía su convento detrás del lugar donde trabajaba me ofrecí a llevarla y aceptó gustosa. Me preguntó cómo iba todo y le conté las peripecias de ese medio día.

"¿Y por qué no viene al convento y almuerza con nosotras?" me propuso amablemente.

"¿Es en serio?", pregunté sorprendido.

"¡Por supuesto!", exclamó ella sonriendo.

Y allí estaba yo, disfrutando una deliciosa comida casera, rodeado por esas dulces monjitas. ¡Justo lo que deseé!

~~~

CRISTO ESTÁ CONMIGO

Hay unos escritos de san Juan Crisóstomo que siempre me han impactado. No por el contenido de sus palabras, sino por la certeza, la fe, la serenidad con que este santo declara su confianza en Jesús.

"Cristo está conmigo, ¿qué puedo temer?... Él me ha garantizado su protección. No es en mis fuerzas que me apoyo. Tengo en mis manos su palabra escrita. Éste es mi báculo, ésta es mi seguridad, éste es mi puerto tranquilo. Aunque se turbe el mundo entero, yo leo esta palabra escrita que llevo conmigo, porque ella es mi muro y mi defensa. ¿Qué es lo que ella me dice? Yo estoy con vosotros todos los días, hasta el fin del mundo.

Cristo está conmigo, ¿qué puedo temer? Que vengan a asaltarme las olas del mar y la ira de los poderosos; todo eso no pesa más que una tela de araña".

La fe verdadera es certeza, no dudas.

Es serenidad, no angustia. Es alegría, no tristeza. Es la capacidad de enfrentar al mundo, porque sabemos que no estamos solos, que Jesús nos acompaña.

Cuánto anhelo yo esta fe. La tranquilidad que nos da. Esa maravillosa certeza.

¡Cuánta falta me hace!

Señor... ¡yo también quiero tener esa fe!

Necesitamos sentirnos en la compañía de Jesús para poder avanzar. Vivir en la dulce presencia de Dios. Recibir su abrazo amoroso cada mañana. Escuchar su palabra a diario cuando nos dice, con tanta ternura:

"Te amo. Y eres especial para mí".

Cuánto bien nos haría sabernos amados por Dios. Estar conscientes de su presencia en nuestras vidas.

>Su cercanía.
>Su ternura.
>Su amor de Padre.

Por eso, a diario, cuando el sacerdote eleva la hostia santa, le pido humildemente:

"Señor, auméntanos la fe".

Recuerdo haber leído la vida de este santo sacerdote que visitó un poblado. Querían construir una iglesia y una pequeña montaña se los impedía, pues estaba en medio del campo que habían elegido. El santo les recordó la promesa de Jesús:

"si tenéis fe, del tamaño de un grano de mostaza..." y ordenó a la montaña: ¡Muévete! Al instante ocurrió un temblor que sacudió la tierra y desmoronó la montaña.

LA GRAN AVENTURA

En ese momento yo no lo sabía. Pero me esperaban una gran aventura. Inició pocos meses después de perder mi empleo.

Aquella mañana fui al sagrario para hablar con Jesús. Estaba desempleado, transcurrían los meses y no conseguía empleo. Con 3 hijos, la hipoteca…

"Nadie me da trabajo" le dije con ingenuidad. "¿Me contratarías tú?"

De pronto escuché una voz en lo más hondo de mi interior que respondía:

"Trabajarás para mí".

Me levante gozoso, apenas podía creerlo… y regresé a mi casa, lleno de esperanza. Por fin tendría trabajo, ¡qué alegría!… Y de pronto reaccioné. "No le pregunté en qué voy a hacer". Así que me devolví y regresé al oratorio donde estaba Jesús en aquél sagrario y le pregunté:

"Señor, ¿qué haré?"

De nuevo una respuesta, esta vez más contundente y precisa.

"Escribe… Deben saber que los amo".

Y ese día me senté a escribir y publicar mis vivencias y las de muchos, que me las cuentan, aventuras con el buen Dios.

Parece una historieta para niños, ¿verdad?

Años después de aquella mañana de verano, cuando llegué con las manos vacías a ver a Jesús en el sagrario, tenemos más de 80 libros publicados, que están siendo traducidos a 4 idiomas (inglés, portugués, Italiano, francés).

Se encuentran presentes en más de 15 países, con ediciones que sobrepasan las 20 publicaciones continuas y este año tenemos presencia en la librería virtual de Amazon con nuestros libros digitales.

El próximo año traduciremos los libros al mandarían, japonés, hebreo, árabe, alemán…

¿Cómo lo hago? Es muy sencillo, todo lo que tengo que hacer es *escribir y confiar*. El resto lo hace Él.

De lo pequeño, saca lo grande.

De la nada y lo poco, Él hace mucho… todo.

De la confianza, Él se desborda en milagros.

He conocido la Providencia.

El Amor inmenso de Dios.

Y su Misericordia, con un hijo tan testadura como yo.

Remaremos mar adentro, buscando a Dios en la inmensidad.

 Hice un trato con Dios: "Yo escribo, Tú tocas los Corazones".

Y lo ha hecho de maravilla.

No sé por qué te escribo esto. Ya conoces a Dios.

Para Él, nada hay imposible.

No temas.

Yo siempre estoy contigo.

PREPÁRATE PARA LA PRUEBA

Un seminarista me contó de un amigo que se arruinó en los negocios.
— He perdido toda mi fortuna —le dijo abatido, y preguntó:
— ¿Qué debo hacer?
—Busca a Dios —le encomendó el seminarista.

El hombre siguió este consejo. Y encontró algo que nunca había conocido: "Presencia de Dios. Paz interior".

Ha regresado a los negocios con una nueva perspectiva, una nueva mirada hacia sus semejantes. Y ha vuelto a florecer su empresa. Dedica ahora tiempo para profundizar su relación con Dios, ayuda a sus semejantes, y es feliz.

San Felipe Neri escribió emocionado:

> *"Cómo es posible que alguien que cree en Dios pueda amar algo fuera de Él".*

Buscar a Dios, ganar su corazón, no está exento de dificultades.

Es la mejor decisión que puedes tomar y requiere de valor y sacrificios, como todos los grandes logros en la vida.

"Si te has preparado a servir al Señor, prepárate para la prueba. Conserva recto tu corazón y sé decidido, no te pongas nervioso cuando vengan las dificultades. Apégate al Señor, no te apartes de él; si actúas así, arribarás a buen puerto al final de tus días. Acepta todo lo que te pase y sé paciente cuando te halles botado en el suelo. Porque así como el oro se purifica en el suelo, así también los que agradan a Dios pasan por el crisol de las humillaciones. Confía en él y te cuidará; sigue el camino recto y espera en él.
… Recuerden lo que les pasó a sus antepasados; ¿quién confió en el Señor y se arrepintió de haberlo hecho? ¿Quién perseveró en su temor y fue abandonado? ¿Quién lo llamó y fue abandonado? Pues el Señor es ternura y misericordia; perdona nuestros pecados y nos salva en los momentos de angustia" (Siracides 2, 1-11).

～～～

DIOS PROVEERÁ.

Tu situación es muy difícil y ¿no sabes qué hacer? No tengas miedo. Escuchas estas palabras:

"Venid a mí, todos los que estáis cansados y cargados, y yo os haré descansar."

Yo he visto a Dios actuar. Y puedo decirte que es un Padre extraordinario.

Siempre se preocupa por ti y provee lo necesario.

Hace poco lo visité en el Sagrario y le dije que era tiempo de empezar a traducir los libros al inglés.

Por la noche me escribe una joven diciéndome:

"Me estoy graduando de traductora de inglés y quisiera traducirle un libro de prueba, no le voy a cobrar nada. Si le gusta cómo queda podremos traducirle otros libros".

Llevamos 2 libros traducidos al inglés.

Me atreví a decirle: "Es hora de traducirlos en mandarín".

Ese día, ocurrió algo curioso. Me encontraba en el Santuario Nacional del Corazón de María. Una joven muy amable se me acerca y me invita a ir a Radio María de Panamá, y participar en un Programa súper interesante: "Jesús también habla Chino".

Acepté. Fue una experiencia inolvidable. Pude narrar la anécdota de mi mamá... "El Taxista de Dios".

¿Adivinaste lo que ocurrió?

Sí... Pronto verás nuestro primer libro llegando a China.

¡Qué alegría!

~~

¿QUÉ AGRADA A DIOS?

A veces pienso esto: ¿Qué agrada a Dios de los que estamos llamados a la santidad?

La humildad.

San Agustín decía: Si quieres ser santo, sé humilde. Si quieres ser más santo, sé más humilde. Si quieres ser muy santo, sé muy humilde.

Esta es una gracia especial difícil de cultivar... Sé por experiencia que cuando queremos y no podemos, el buen Dios provee lo medios.

¿Qué más le gusta a Dios?

Que confiemos.

Dios se pone feliz cuando confiamos en Él.

Si tan solo confiáramos un poquito más, tendríamos más serenidad, más presencia de Dios en nuestras vidas.

* * *

Señor, enséñame a confiar en ti.
Dame la gracia de saberte cercano,
presente en mis hermanos.

* * *

Amado Dios,
sabes que soy débil.
Te pido me des la fortaleza para hacer siempre,
en todo momento,
tu santa voluntad.

Envíame a mí,
para llevar tu Palabra,
la esperanza,
la Buena Nueva,
a las almas más necesitadas
de consuelo.
Amén.

~~

SOY ESPECIAL PARA DIOS

Hay un pensamiento del Padre Fernando Pascual que me encanta. A menudo medito en él:

"Soy un deseo, un sueño de Dios.
He salido de sus manos,
vivo gracias a su aliento,
sueño porque Él me sueña primero.
Cada latido de mi corazón,
cada movimiento de mis pulmones,
cada reflexión que pasa por mi alma,
son posibles desde ese inmenso,
misterioso, paterno, amor de Dios".

* * *

La tristeza no cabe en el alma del que vive en la presencia y la gracia de Dios.

Estas personas respiran serenidad, paz interior, seguridad.

Se saben amados por Dios. Siguen sus preceptos y sus caminos con alegría y paz, confiando en la Providencia y el Amor del Padre, a pesar de todo y de todos.

Santo Tomás Moro, antes de ser ejecutado, por su fidelidad al Evangelio, le escribió una carta a su hija.

Es un testimonio vivo de fe y confianza: "Ten, pues, buen ánimo, hija mía, y no te preocupes por mí, sea lo que sea que me pase en este mundo. Nada puede pasarme que Dios no quiera. Y todo lo que él quiere, por muy malo que nos parezca, es en realidad lo mejor. Aunque estoy convencido, mi querida Margarita, de que la maldad de mi vida pasada es tal que merecería que Dios me abandonase del todo, ni por un momento dejaré de confiar en su inmensa bondad".

II

¿Quieres que Dios te escuche?

Háblale con el corazón en la mano. Y sigue sus preceptos.

"Compartirás tu pan con el hambriento, los pobres sin techo entrarán a tu casa, vestirás al que veas desnudo y no volverás la espalda a tu hermano. Entonces tu luz surgirá como la aurora y tus heridas sanarán rápidamente. Tu recto obrar marchará delante de ti y la Gloria de Yahvé te seguirá por detrás. Entonces, si llamas a Yahvé, responderá. Cuando lo llames dirá: "Aquí estoy". (Is 58,7-9)

III

¿Por qué seremos recordados?
¿Por nuestro amor?
¿Por nuestra fe?
¿Por nuestra vida?

¿Por nuestro rencor?
¿Por nuestros odios?
¿Por nuestros deseos?
¿Por nuestro dinero?

Un sacerdote me dijo una vez:

"Que de ti se diga: pasó por el mundo haciendo el bien".

Seamos recordados porque iluminamos al mundo,
llevando al Niño Jesús en nuestro corazón.
Porque tuvimos caridad.
Porque amamos a Dios y al prójimo, como a nosotros mismos.

* * *

Señor, hazme un instrumento de tu paz;
donde haya odio, ponga amor;
donde hay ofensa, perdón;
donde hay duda, fe;
donde hay desesperanza, esperanza;
donde hay tinieblas, luz;
donde hay tristeza, alegría.

Oh divino Maestro,
que no busque yo tanto.
Ser consolado como consolar.
Ser comprendido como comprender.
Ser amado como amar.

Porque dando se recibe.
Perdonando se es perdonado.
Y muriendo a sí mismo
se nace a la vida eterna.

(San Francisco de Asís)

LOS PROBLEMAS

Ayer, fui a visitar a Jesús. Me encanta ir por las mañanas luego que dejó a Luis Felipe al jardín de infantes. Me da una especial alegría encontrarme con él, porque es mi mejor amigo. Allí nos quedamos un rato en silencio, nos miramos, y en el corazón, en lo más profundo del corazón, él imprime como un sello su nombre: "Amor".

Al salir sentí que alguien me llamaba:

—Claudio...

Me volví y me encontré con un amigo.

—Sabes — me dijo—, estoy pasando por una gran tribulación. Y no sé qué hacer. Vengo al Santísimo, voy a misa, rezo el Rosario y aun así, con todo esto, me siento vacío. Sufro lo indecible. El negocio apenas lo puedo atender. No me concentro en nada, pensando qué hacer, cómo solucionarlo.

Nos sentamos un rato. Y mientras él hablaba me puse a recordar los problemas que estoy confrontando y cómo los he podido vencer uno a uno, no con mis pobres fuerzas, sino con la de Dios. Entonces supe qué responder.

—Tal vez no te has dado cuenta, pero mientras hablabas no dejabas de decir: "Yo sufro", "yo tengo problemas", "Yo esto..." y no has mencionado a Dios.

Me parece que te hundes cada vez más porque te sientes autosuficiente, siempre has contado con tus fuerzas... y algo incomprensible ha pasado. Has tratado de solucionar tus problemas y no has podido.

Le pides a Dios que te ayude, pero no le permites actuar.

Lo miré y sonreí pensando en la bondad de nuestro Padre celestial.

SIN TRABAJO

Hace trece años que no tengo trabajo en una empresa. Aún así, debo velar por mi familia, la casa, pagar la escuela, comida...

Tengo los problemas que en muchos hogares se presentan. Sin embargo, nunca he sido tan feliz. Han sido los mejores años de mi vida. Nada me ha faltado, al contrario, ahora, sin un trabajo formal, todo me sobra.

Lo he pensado mucho. Aquella calamidad que casi me sumerge en una profunda tristeza, y que sacudió el piso sobre el que me sostenía, resultó ser lo mejor que pudo ocurrirme alguna vez.

En ese momento no lo reconocí. Estaba muy preocupado. Me llenaba de preguntas.

"¿Qué haré cuando se acabe el dinero? ¿Y si no consigo otro trabajo?"

Eran días muy difíciles para mí.

Ahora, aunque tengo las preocupaciones normales de un padre con 4 hijos, hay algo más, un amor que me sostiene. No se puede ver ni tocar, pero lo llevas dentro, en el alma. Y me siento feliz.

Esta felicidad no es mía. No sería natural. Proviene de la presencia cotidiana de Dios. Es su gracia. Su amor

Perdonar.

Comprender.

Tener caridad.

Por mí mismo, jamás podría. No tengo otra forma de explicarte mi curiosa actitud.

Procuro vivir en su presencia amorosa. Paso en constante oración interior. Es una necesidad. Es como estar en la cima de una montaña muy alta, donde el paisaje es sobrecogedor. Llegas agotado, casi sin poder respirar y en tu mente pasa un solo pensamiento: **"Gracias Señor".**

Es lo que pienso a diario, agradecido con Dios: por la vida, mi familia, por sus gestos de amor.

Hay que experimentar el amor de Dios para comprenderlo. Debes darte esa oportunidad.

¿Y el dinero que tanto me preocupaba? Llega siempre cuando lo necesito. Yo me esfuerzo, hago lo que puedo, el resto se lo dejo a Dios.

Una vez necesitaba cien dólares para realizar un pago en el colegio de mis hijos. No los tenía. Al rato me llama una señora para comprar cien dólares en libros.

Recuerdo una vez que una persona se me acercó. No sabía qué hacer con su vida. "Deja que Dios te ame", le respondí, "porque viviendo en su amor todo tendrá sentido".

Al tiempo le encontré más feliz, cambiado.

"Esto es una maravilla", me dijo, "no paso un día sin saludar a Jesús antes de irme al trabajo. Y si encuentro la Iglesia cerrada, lo saludo desde el auto".

Esta experiencia, San Agustín es el que mejor la ha sabido describir: "Tarde te amé, ¡oh, belleza siempre antigua y siempre nueva, tarde te amé! He aquí que Tú estabas dentro de mí, y yo estaba fuera de mí mismo y fuera te buscaba... Tú estabas conmigo pero yo no estaba contigo. Me retenían lejos de ti, precisamente aquellas cosas que, si no estuvieran en ti, no existirían".

Me ha costado. Pero, poco a poco, me voy llenando de una confianza espléndida en Dios y su voluntad. Y es que no es fácil vivir el Evangelio: amar al que no te ama, perdonar al que te hace daño, confiar en las promesas de Dios, aprender a vivir en sus manos amorosas.

La verdad es que con mis fuerzas, jamás podría. Por eso creo que "todo" es gracia de Dios...

Jesús, sabiendo cómo somos, nos dejó este consejo maravilloso, para fortalecer nuestras vidas: "Velad y orad, para que no caigáis en tentación; que el espíritu está pronto, pero la carne es débil." (Mc 14,38)

~~~

Pienso mucho en cuánto me falta la oración.

EL SANTO ABANDONO

Me encanta hablar de esto, porque nunca he pasado tan feliz como ahora. Es una época llena de dificultades y de mucha serenidad. Qué loco, ¿verdad? Si no me conociera pensaría igual. Pero resulta que he vivido en las manos de Dios. Él me lleva donde quiere. Sustenta mi vida y suple mis necesidades.

Es algo asombroso. ¡El Evangelio se cumple! Y lo estoy viviendo.

Cada día me asombro como un niño ante un nuevo descubrimiento.

Yo me asombro ante Dios y su bondad.

Como nadie me llamaba para una entrevista decidí visitar a Jesús.

— No me llaman — le dije.

Luego de un pequeño silencio le pregunté:

— ¿Me contratarías tú? Sería feliz trabajando para ti.

Y me pareció escuchar en lo hondo del corazón estas palabras.

—Sí Claudio, trabajarás para mí.

Dediqué unos días a la oración. Necesitaba saber qué haría en adelante. Qué deseaba Jesús de mí ¿Cómo mantendría a mi familia? ¿Cómo pagaría las deudas?

Empecé escuchar con fuerza esta voz interior, que me decía:

"CONFÍA".

Me decidí a escribir y publicar mis vivencias con el buen Dios. Los libros han tenido tanta aceptación que algunos van por su quinta edición. Y yo no salgo de mi asombro ante las maravillas de la fe y la confianza.

¿Que si cuesta? No imaginas cuánto. A veces me lleno de inquietudes y he pasado noches sin dormir. Pero cuando llega la calma sientes con tanta seguridad la presencia de Dios, que nada te perturba. Sabes que todo saldrá bien. Es una certeza. Como una mañana de sol en que todo está iluminado. El camino se ve con claridad.

Las promesas de Jesús, me dan serenidad, porque ante mí se convierten en una realidad tangible. Compruebo cada día que son ciertas.

Una en particular, es la que más me ha llenado de esperanza: "Busquen primero el Reino y su justicia, y todo lo demás se les dará por añadidura". (Mt 6,33)

Ahora vivo en las manos de Dios. Y soy feliz.

Lo comparto contigo, como esta hermosa oración de santa Teresa, que nos lleva a confiar y esperar...

Nada te turbe,
Nada te espante,

Todo se pasa.
Dios no se muda.

La Paciencia todo lo alcanza.
Quien a Dios tiene, nada le falta.

Sólo Dios basta.

A VECES BASTA CONFIAR

Un amigo llegó a visitarme, inquieto, angustiado, porque había perdido su trabajo. Con 3 hijas, esto era una experiencia muy dura.

— ¿Qué voy a hacer?—, me decía acongojado.

Me acordé entonces de aquella vivencia que tuve con Jesús Sacramentado, cuando fui a pedirle que me ayudara con el colegio de Ana Belén y se la conté.

— Yo no puedo ayudarte —, le dije al final—, pero Jesús, sí puede.
Entonces le di esta sugerencia:
— ¿Por qué no lo visitas y hablas con él?

Mi amigo se marchó esperanzado con esta propuesta. No supe de él hasta dos días después.

Esta vez se veía alegre, sonriente, diferente.

—No lo vas a creer— me dijo, impresionado—cuando salí de aquí, fui directo a una capilla. Le pedí a Jesús por mi familia, le dije que lo único que deseaba era un trabajo para mantenerla honradamente. Salí de la capilla y me fui a mi casa. Metiendo la llave en la cerradura de la puerta timbró el teléfono. Respondí y me dijeron: *"Queremos entrevistarlo para un trabajo"*. No podía creerlo. Había llenado una solicitud en esta empresa años atrás y nunca me llamaron, ni siquiera para una entrevista... hasta ayer.

¡Es increíble! ¡Mañana empiezo a trabajar!

LAS SORPRESAS DE DIOS

El buen Dios suele tenernos sorpresas inesperadas en el camino. Nos acompaña siempre y nos cuida.

Mi mamá lo experimentó hace unos días.

Estaba en un supermercado y se sintió un poco indispuesta.

Salió para buscar un taxi que la llevara a su casa y encontró una fila enorme de personas que también esperaban uno. Entonces...

Le dije a Dios:

— Mándame un taxi que sea tuyo.

En eso un taxi que estaba al fondo pasó recto, junto a la multitud y se detuvo frente a mí.

— ¿A dónde va? — me preguntó el taxista, bajando la ventana.

— A la barriada El Carmen.

— Venga suba. Yo la llevo.

— Señor — le dije — usted es muy afortunado, porque es un hombre de Dios. Su taxi le pertenece a Dios. Acabo de pedirle a Dios que me mandara un taxi de los suyos. Y, de repente, llegó usted.

El taxista me miró impresionado.

— Señora, — me comentó —no sé por qué sentí el impulso de avanzar. No recogí a ninguno de los que estaban antes. Me vine directo donde usted.

Entonces sonrió emocionado y dijo:

— Mire lo que dice en la puerta.

Al lado mío, en la puerta, había un letrero grande en el que leí:

"Este Taxi es de Dios".

~~

CONFIAR

¿Lo notaste? Me ha dado por hablarte de la confianza.

Casado, con 4 hijos, confiar en el buen Dios es lo menos que puedo hacer.

La vida no es fácil. Pero me alienta saber que no estamos solos, que Dios es nuestro Padre celestial.

Por esto me encanta rezar con los salmos. Hay tanta riqueza en ellos: *"Confío en el Señor, mi alma espera y confía en su Palabra; mi alma aguarda al Señor, más que el centinela la aurora".*

También encuentro alivio en sus promesas:

> *"Bendito quien confía en el Señor y pone en el Señor su confianza. Será un árbol plantado junto al agua, que junto a la corriente echa raíces; cuando llegue el estío no lo sentirá, su hoja estará verde; en el año de sequía no se inquieta, no deja de dar fruto".*

PENSANDO EN DIOS

Paso mis días pensando en Dios, sumergido en su Amor.

Trato de comprender sus designios. Pero pocas veces lo consigo. Hace algún tiempo decidí que dejaría de buscar respuestas. Me dedicaría a confiar.

En ese momento no imaginé el camino que estaba por recorrer. El camino de la confianza.

Para el proyecto que llevamos adelante, la confianza lo es todo.

Siempre recuerdo a una joven que se me acercó a la salida de Misa. Tenía allí una mesita con mis libros.

"Si yo tuviera su fe", me dijo, "cuántas cosas podría lograr".

Sonreí con amabilidad y le respondí: "La fe viene de Dios. Pídasela y Él seguro estará feliz de dársela. Dígale como los apóstoles: "Señor, auméntanos la Fe".

En mi interior pensé: "Me ha dado una lección. Sus palabras podrían ser las mías. Si tuviera un poco más de fe, cuántas cosas podría lograr".

Es mi lucha diaria, la fe, mi confianza, tratar de seguir adelante, pensando qué caminos abrirá el buen Dios.

Hace poco buscamos un aliado inesperado. Hay en las empresas, alianzas estratégicas. Yo busqué una alianza con alguien que ya no está en esta tierra, que fue padre y podría comprenderme: san José.

La verdad es que le tenía olvidado hasta que un sacerdote amigo me habló por más de media hora sobre los favores que san José concede a sus devotos. Ese día busqué en internet todo lo que pude de este hombre callado, amable y trabajador.

Hallé esta frase de santa Teresa de Jesús que me impresionó:

"No recuerdo haber pedido alguna cosa a san José y que no me la haya concedido, como así también no he conocido persona devota de él que no haya obtenida alguna gracia por su gloriosa virtud, pues él ayuda muchísimo a las almas que a él se consagran".

Empecé a recomendar su devoción y me han contado maravillas.

Terminé encomendándole nuestro apostolado familiar a san José. Pegué una estampita en el monitor de mi computador y empezaron los milagros.

HABLANDO CON SAN JOSÉ

¡San José! Tal vez te he rezado demasiado poco… Te pido perdón.

He hablado de ti, pero no he hablado contigo, a pesar de que tanto nos has dicho con tu silencio, con tu prontitud en llevar a cabo la voluntad de Dios, con tu trabajo cotidiano que enseña a todos los hombres, y especialmente a los pobres del mundo, a elevar el suyo.

Tú eres el protector de la Iglesia, y el papa Juan te dio en ella un lugar privilegiado.

Queremos tener hacia ti una profunda devoción. Porque has protegido a María y a Jesús, porque eres un modelo de todos las virtudes.

San José, te encomendamos la unidad de la Iglesia, las órdenes y los movimientos religiosos, la familias, y guarda a los chicos y los niños para que no sean arrastrados por la malicia del mundo, sino que avancen protegidos también por ti según los planes de Dios.

Chiara Lubich

LA DECISIÓN

En 1907 un joven músico tomó una decisión radical. Se dedicaría a hacer lo que siempre le gustó: la música, la literatura... hasta cumplir los 33 años.

A partir de ese momento dedicaría su vida por completo a Dios. Se preparó con tiempo estudiando medicina. Y siendo médico, se embarcó para servir en Gabón, África, a los más necesitados, los leprosos, los enfermos. Su vida fue extraordinaria. Se llamó Albert Schweitzer. Ganó el Premio Nobel de la Paz.

Todavía recuerdo la impresión que tuve cuando leí su biografía.

Yo tenía 32 años y me puse a pensar:

"Jesús murió a los 33 y yo estoy por cumplirlos". Entonces tomé una decisión similar a la de Albert Schweitzer, que cambiaría mi vida para siempre.

Recuerdo aquella mañana luminosa que detuve mi auto. Iba camino al trabajo y me bajé para caminar por el sendero de un parque.

Me senté en la banca a la orilla de la carretera. Allí reflexione en la vida que llevaba y lo que haría con ella. Me dije: "A partir de los 33 viviré para Dios".

Era la edad en que murió Cristo. Yo moriría para el mundo y empezaría a vivir para Dios.

Era un gran ideal. Me sentía en aquellos momentos llamados por Dios para hacer su voluntad. Dios quería algo de mí y me hablaba de mil formas. Por más que lo intentara, no podía callar su dulce voz en mi interior.

Viviría para Dios. Pero no sabía cómo hacerlo. Había tanto por cambiar. ¿Dónde empezar? ¿Quién podría ayudarme? ¿Cuál era el camino? Tenía más preguntas que respuestas.

Se me ocurrió que lo más lógico era iniciar este camino con el alma limpia. Barrer la casa que tenía tanto polvo acumulado, telas de araña, vidrios sucios, puertas dañadas...

Limpiaría mi alma, con una buena confesión sacramental. Quedarían cicatrices, es lógico, pero tendría el alma dispuesta para recibir las gracias que Dios quisiera darme.

~~

EL PLAN

Me propuse un plan sencillo de crecimiento espiritual:

1. Confesión frecuente.

2. Comunión diaria.

3. Escuchar a los sacerdotes con detenimiento.

4. Leer libros de espiritualidad.

5. Tener presencia de Dios.

6. Visitar a Jesús.

Y eso fue lo que hice.

A cada paso que daba, Dios reaccionaba con una bondad infinita.

Era como una madre que ve caminar a su hijito por primera vez y no puede guardar tanta emoción. Corre y lo abraza.

Está pendiente de cada paso. Lo llama emocionada. Lo estimula a seguir. Le da seguridad y afecto. Eso fue lo que Dios hizo conmigo. Me ayudó a dar esos primeros pasos, se colocó a mi lado… y cuando estaba por caer me decía: "Ánimo. Yo estoy contigo".

LAS CAÍDAS

No creas que no he caído. Me ha ocurrido cientos de veces y me sigue pasando. Pero no me desanimo por ello. La vida de todo cristiano se basa en la lucha espiritual.

Cuando no sé qué hacer, por lo general busco a un sacerdote y le consulto. Los mejores consejos los he recibido de ellos, por eso les tengo tanto cariño. No importa su condición ni su carácter. He aprendido a ver al Cristo que habita en ellos. Y a escucharlos con alegría.

"Santo no es el que nunca cae, sino el que siempre se levanta".

"Mira al crucificado. Allí encontrarás tus respuestas".

Han pasado 24 años y aún me veo estacionando el auto a un costado de aquél parque, camino al trabajo. Me veo sentado en una banca meditando, pensando: "Debe haber algo más". Fue en ese momento que recordé lo que hizo Albert Schweitzer y decidí hacer lo mismo.

Ha sido la mejor decisión que he tomado: seguir a Dios. Buscarlo. Amarlo. Es algo de lo que nunca me he arrepentido. Vivir en Su presencia, es el gran tesoro que todos buscamos, es algo por lo que vale la pena cambiar nuestras vidas. Iniciar un nuevo camino, recobrar nuestra dignidad como hijos de un gran Rey.

CUANDO DIOS LO QUIERE

No imaginas cuánto me cuesta todo. Comprender la voluntad de Dios. Tratar de ser bueno, para luego luchar por ser santo. Esto supera mis fuerzas. Sólo la gracia de Dios me ha permitido continuar. Ya lo decía Jesús: "Sin mí no pueden nada". Y yo nada puedo sin Él.

Hace poco, tuve una gran dificultad. En lugar de inquietarme y llenarme de miedos, y cuestionar a Dios con preguntas necias, por algún motivo, tal vez pura gracia, me abandoné en sus brazos. "Hágase según tu voluntad", le dije. "¿Será que Dios me pide algo?", pensé. Luego, más calmado le pregunté: "¿Señor, qué deseas que haga?" Empecé a visitarlo con frecuencia en el Sagrario. Y me quedaba allí, acompañándolo, en silencio, esperando, orando. De pronto, escuché estas palabras en mi interior: *"Escribe"*.

Empecé a escribir y a publicar mis libros sobre la relación que tengo con el buen Dios, y la vida de muchos más que trabajan, sufren, ríen, tienen familia y me han contado sus vivencias. Encuentro tantas personas a nuestro alrededor que se esfuerzan por vivir en la presencia de Dios. Y pasan aventuras maravillosas con Él.

Es como el padre del hijo pródigo. Cuando te ve en el camino, corre a abrazarte. Y te dice que te ama, que vales mucho, que eres especial para Él.

Dios me ha enseñado que es verdad todo lo que nos ha dicho. Que sus promesas se cumplen. Y no hay motivos para temer.

Hay unas palabras que siempre me han motivado. Las dijo el Papa Benedicto XVI: "Quien vive en las manos de Dios, siempre cae en las manos de Dios".

Empiezas a confiar y tu vida cambia. Dios se encarga de llevarte por los caminos que desea transites con Él. Y lo hace pausadamente, para que vayas sin temores. Es algo que me encanta de Dios. Conoce nuestras debilidades. Sabe que somos de carne y nos llenamos de inquietudes. Por eso nos llena de regalos y lo da todo en abundancia.

Te lleva en sus manos de Padre amoroso y te envuelve en su amor. ¿Qué pide Dios a cambio? Algo tan sencillo que parece poco: nuestro amor. Que lo amemos y amemos también a nuestros semejantes. Que seamos un reflejo vivo de su amor.

Cuando empiezas a experimentar la Providencia comprendes que es un Tesoro extraordinario. Por eso lo comparto contigo. Vale la pena que vivas esta experiencia. El santo abandono. "Dios lo quiere, yo también".

Confiar y abandonarse en las manos de Dios. Ésta es la perfecta alegría: "Saber que Dios es nuestro padre y nos cuida".

UNA SEÑAL

A menudo me da por recordar aquella vez que decidí dejar de escribir estas vivencias. Pensé que no valía la pena. ¿Quién le prestaría atención? ¿Para qué perder el tiempo?

A veces llega el desánimo y uno se cuestiona tantas cosas.

Una tarde de marzo mi esposa me llamó para que fuera a buscarla. Estaba en el supermercado. Ese día todo cambió. Le había dicho a Dios: "Dame una señal. ¿Quieres que escriba?"

Cuando estacioné el auto y me bajé, una señora, que salía del supermercado me preguntó: "Disculpe, ¿usted es Claudio de Castro?" Asentí con la cabeza y añadió: "¿Por qué no está escribiendo? Debe hacerlo".

Sonreí pensando en la bondad de Dios. Entré al supermercado y en uno de los pasillos otra señora me abordó: "Perdone, hace rato que no leo algo suyo. ¿Está escribiendo? No deje de hacerlo".

"Mensaje recibido", respondí sonriendo, sin que ella comprendiera mi respuesta.

Por fin encontré a mi esposa Vida. Conversaba con una prima. Cuando me acerqué, su prima me dijo: "Debo decirte algo importante…"

Jocosamente respondí: "Mensaje recibido". Y le expliqué. Quedó tan impresionada como yo.

Desde aquella tarde no he dejado de escribir.

Hay que escuchar la voz de Dios. Procurar hacer lo que nos pide. Si lo haces, tu vida va a mejorar radicalmente. Te lo puedo asegurar. No es algo que he leído ni me lo han contado. Lo vivo cada día. Es así.

Dios no se deja ganar por nadie en generosidad.

Me he dado cuenta que a veces nos pide cosas muy simples, pero difíciles de hacer. Yo, siendo tú, iniciaría mi camino, con esto que nos pide a todos: "Perdona al que te hizo daño".

~~~

EL VIDEO DE CHIARA

En mi trabajo solía laborar una diseñadora llamada Lineth. Pertenecía al movimiento de los Focolares. Una tarde me invitó a ver un video en el que Chiara Lubich, su fundadora, hablaría a un grupo de artistas jóvenes.

Fui a verlo con Vida, mi esposa. Me recuerdo sentado mientras ponían a funcionar el video y apareció Chiara rodeada de escritores, actores, cineastas, pintores...

Me dejó reflexionando con estas palabras: "Debemos hacer que Dios vuelva a estar de moda. Donde quiera que vayan hablen de Dios. Escriban de Dios. Aprovechen cualquier medio para darlo a conocer".

Esa noche tomé la resolución. Escribiría de Dios.

A los días visité a una amiga, directora de la Librería Católica. Le conté de mi inquietud y me dijo de pronto:

— ¿Por qué no haces una editorial Católica?

— ¿Se puede hacer eso? — pregunté sorprendido.

— Por supuesto — respondió.

La siguiente semana le envié una carta al Arzobispo de Panamá, Monseñor José Dimas Cedeño, contándole del proyecto, pidiendo su bendición. Sorpresivamente, a los pocos días recibimos una llamada suya en la que nos decía:

— Sigue adelante Claudio, cuentas con nuestra bendición.

Fue algo inesperado y sorprendente que nos llenó de esperanzas y alegrías.

Le dimos el nombre de Ediciones ANAB, pensando en nuestra hija Ana Belén, ya que es una editorial familiar, en la que todos participamos (mi esposa Vida y nuestros 4 hijos).

LA EDITORIAL

El 16 de julio del 2003, día de la Virgen del Carmen, fundamos nuestra pequeña editorial católica, Ediciones Anab. La noche anterior escribí un pequeño manifiesto, que mi esposa y yo leeríamos juntos, en la Iglesia del Carmen, frente a la imagen de nuestra Madre Celestial. Recuerdo que empezaba así: "Dulce Virgen María, nos encomendamos a vos en este proyecto…" Un proyecto que me parecía imposible.

¿Cómo podría fundar una editorial?

La verdad, era una empresa que estaba por encima de mis fuerzas. Sólo era un sueño.

Han pasado casi 13 años desde aquél día en que aún dudaba.

Siempre pensé que lo mejor sería que otro lo hiciera. Pero Dios tiene sus planes que nunca comprenderemos. Recién editamos 73 libros. Muchos han sobrepasado las 20 ediciones. "EL CAMINO DEL PERDÓN", "VITAMINAS PARA EL ALMA", "LOS MEJORES CONSEJOS", "TÚ ERES MARAVILLOSA".

Ahora enfrento experiencias y pruebas que nunca antes había vivido. Curiosamente nunca deja de llegar una voz de aliento en el momento indicado.

Hace unos días me encontraba en misa pensando: "Señor, mejor dejo esto y me dedico a otra actividad. Se cierran las puertas. Uno se cansa..." En ese preciso instante, alguien me tocó el hombro. Era un conocido.

— Claudio, tengo un amigo que te quiere conocer — me dijo en voz baja. — Por supuesto — le respondí —. Tan pronto termine la misa, con mucho gusto hablamos.

Al terminar la misa me presentó una persona señalándome:

— Éste es el que escribe los libros. El señor y yo nos sentamos aparte.

Me sonrió y dijo:

— Quiero darle las gracias por sus libros... que tanto bien hacen. Hace unos días estaba desesperado. Fui a la librería San Pablo preguntando si tenían algún libro que me ayudara. La encargada me respondió: "Lea éste, de Claudio de Castro, que lo ayudará". Y ya ve, aquí estoy, más sereno. Pasé la tribulación... Gracias a usted.

— No a mí— le respondí —, es gracias a Dios. A Él le debemos todo... Sólo a Él.

Suele ocurrirme. El domingo pasado colocaba una mesita con mis libros en una iglesia. Mientras lo hacía, sudaba y me sentía cansado. En un momento pensé:

"¿Valdrá esto la pena?"

Al segundo, una señora que salía de la capilla del Santísimo se me acerca y con una amplia sonrisa me dice: "Señor Claudio, siga adelante, vale la pena".

Seguiré adelante. Siento que Dios me pide hacerlo. Compartir las vivencias que todos tenemos con el buen Dios, en la vida cotidiana. La Providencia, que nunca falta, el amor que nos envuelve... Pero no puedo solo. Necesito tu apoyo y tus oraciones para seguir adelante.

Por favor, pide a Dios que bendiga este apostolado familiar, de la palabra escrita, Ediciones Anab.

Encomiéndanos a Dios. Apóyanos. Adquiere nuestros libros. Obséquialos. Sé un medio para llevar esperanza.

¿No te parece que los hijos de Dios debemos caminar juntos por el sendero de la vida?

Yo por mi parte, haré lo único que me queda por hacer, desplegar las velas del alma y dejar que Dios sople y nos lleve donde quiera.

Señor, Tú sabes que te quiero.
Ayúdame a superar mis defectos.

Enséñame a amar y perdonar.
Que sea generoso y bueno.

Nunca me abandones Señor.
Sin ti, nada puedo.
Sin ti, nada soy.

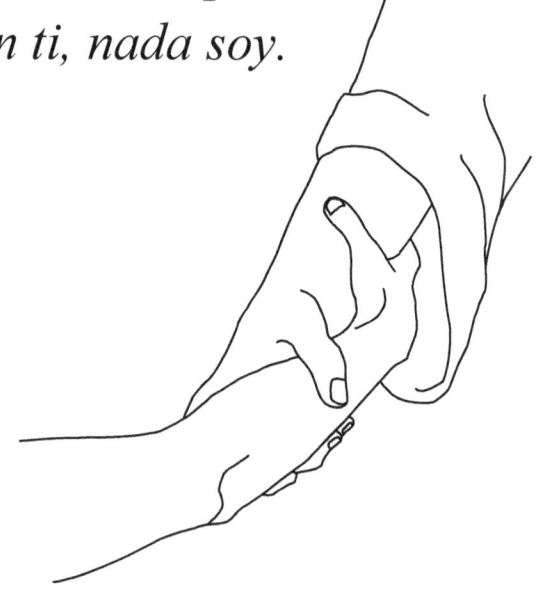

LA TÉCNICA DE MOISÉS

Cuando tengo una inquietud, suelo leer la Biblia y la vida de los santos. Por lo general encuentro las respuestas que necesitaba.

Hay una experiencia que llamo:

"La técnica de Moisés".

Está es un pasaje del libro del Éxodo (Capítulo 32) que captó mi atención. Ocurre cuando Moisés baja del monte Sinaí con las tablas de la ley, y encuentra a su pueblo ofreciendo sacrificios a un becerro fundido. En ese momento se enciende la ira de Dios y Moisés lo aplaca diciéndole: "¿Por qué, oh Yahveh, ha de encenderse tu ira contra tu pueblo, el que tú sacaste de la tierra de Egipto con gran poder y mano fuerte? ¿Van a poder decir los egipcios: Por malicia los ha sacado, para matarlos en las montañas y exterminarlos de la faz de la tierra? Abandona el ardor de tu cólera y renuncia a lanzar el mal contra tu pueblo".

Me encanta la forma como Moisés le habla a Dios. Se nota que lo conoce bien. Y logra convencerlo, porque Dios es todo Bondad y Misericordia.

Cuando empecé la editorial, renunciando a cualquier otro empleo tuve un serio problema, la casa recién la había comprado. Y los bancos con las hipotecas... bueno sabes como son.

En esos días me acordé de la técnica de Moisés y me dio por caminar afuera de la casa diciéndole: "Mira la casa que me conseguiste", y la señalaba. "¿Vas a dejar que el banco me la quite? ¿Qué van a decir de ti?"

Así lo hice durante una semana. Al tiempo me llaman del interior del país. "Oiga, usted tiene un terrenito por acá. ¿Lo vende?"

Yo sumé, resté y respondí: "Bueno, puedo venderlo en tanto". "Me parece bien", respondió el hombre.

La siguiente semana vino a Panamá, pagó el terreno y con el cheque que me dio, cancelé la hipoteca.

Dios me dio esta libertad y tranquilidad, para que pudiera dedicarme a escribir y contar sus maravillas.

¿No es un Dios sorprendente?

CUANDO CONFÍAS EN DIOS

Hace algunos años tomé una decisión que cambiaría mi vida. "Confiaré en Dios", me dije, "a pesar de todo". "Creeré en sus Promesas". No creas que las cosas siempre van bien. Tenemos muchas dificultades. Pero yo sigo adelante. "No es momento para rendirse", me digo.

Dios sabe cómo mostrarnos sus caminos, casi siempre inesperados. Te va llamando poco a poco, llenándote de regalos, mostrándote su Misericordia. Tantas veces no supe reconocer su presencia Amorosa. Y ahora que lo medito, lo descubro hasta en las cosas más pequeñas, lo cotidiano, lo que pasa desapercibido.

Dios nos llama para que volvamos la mirada al Cielo. Hay que sentir anhelos de eternidad. Vivo nuevas experiencias, que antes nunca imaginé. Y me lleno de emoción cuando pienso en el Buen Dios, nuestro Padre y su Amor infinito.

Paso mis días escribiendo mis vivencias con el buen Dios y las de muchos que las comparten conmigo ilusionados por este gran descubrimiento.

Publico mis libros en los que comparto estas experiencias maravillosas. Y el Buen Dios me ha permitido dedicarme a Él y a mi familia de lleno. Es sorprendente. Nada me ha faltado. Descubro la Providencia de formas sorprendentes. Esto es un tesoro. Y me digo: "¿Cómo no lo descubrí antes?"

Entre el mundo y Dios, elijo a Dios.

Entre lo temporal y lo eterno,
elijo la Eternidad.

~~~

BUSCANDO A DIOS

Una vez salí en la búsqueda de Jesús. Había leído que a los grandes santos de nuestra Iglesia, se les apareció en la forma de un pobre. Y le pedí esa gracia al Señor. "Yo también quiero verte", le dije, "y reconocerte".

A los días acompañé a un amigo a un hospital para enfermos de cáncer. Él les llevaría la Comunión y un rato de consuelo. Supe de inmediato que ese día vería a Jesús.

Cada vez que entrábamos a un cuarto me decía: "¿Eres tú Señor?" Y buscaba a los que menos enfermos parecían. Aquellos de buen semblante.

"Señor" le dije, "el día termina y no te encuentro. ¿Dónde estás?"

Entonces llegamos a un cuarto silencioso, al final del pasillo. No había ningún familiar. El televisor apagado. Sólo una cama al fondo y una persona en ella. Entramos y me paré frente a la cama. Y me pareció reconocerlo.

"Eres Tú", casi exclamo.

Sentí un dolor interior, profundo, que me paralizaba.

Era el más enfermo de todos. El irreconocible. Fue tal mi impresión que salí del cuarto a llorar.

Lo tuve frente a mí y no pude verlo a los ojos. No tuve el valor. Su cuerpo estaba totalmente llagado. Era un Cristo sufriente.

Regresé a mi casa y lo único que surgió de mi alma fue escribirte, contarte mi experiencia.

Me preguntaba a menudo: "¿por qué?" Un sacerdote amigo, a los días me respondió: "Porque no amaste lo suficiente". "Es verdad", reflexioné, "de haber amado, habría podido abrazarlo y curar sus heridas. Y estar con Él".

Recordé a san Francisco, cuando corría por los bosques llorando: "El Amor no es amado. El Amor no es amado".

Jesús, Hijo de Dios, enséñanos a amar y a reconocerte en el que sufre, el necesitado.

Enséñanos a ser como Tú.

~~~

LOS CAMINOS DE DIOS

ÉL actúa de formas sorprendentes, por caminos inesperados.

Cuando iniciamos la editorial pasábamos largas horas armando libros en casa, compaginando las páginas. Eran más de 19,000 libros. Todo parecía tan imposible y era tan difícil, que con frecuencia nos preguntábamos si estábamos en el camino correcto. Aun así, trascurría mis días pensando en la bondad de Dios, sumergido en su Amor. Era como vivir en otro planeta.

Un día recibimos una donación, de una tía, hebrea. "No compro tus libros" me dijo, "porque no soy Católica. Sin embargo, como tu tía, quiero apoyar ese proyecto tan bonito que llevas adelante".

"Es curioso", le comenté a mi esposa, "somos una Editorial Católica y la primera donación proviene de un hebreo".

La segunda donación vino de un amigo evangélico. Supo de la editorial. "¿En verdad haces todo esto?" preguntó. "Ni yo mismo sé cómo lo hago", le respondí bromeando.

Entonces extendió su mano, metió unos billetes en el bolsillo de mi camisa y me dijo: "Esta es mi ofrenda para tu editorial, por el trabajo que realizas".

VISITANDO A JESÚS

A veces sientes que en mundo te cae encima y es cuando hay que recobrar las fuerzas y continuar, a pesar de todo. Siempre renovamos nuestras fuerzas y esperanzas, ante el Sagrario.

Cuando no sé qué hacer, visito a Jesús Sacramentado. Él tiene todas las respuestas.

También sé en quién tengo puesta mi confianza. Y esto me da una paz que no puedes imaginar.

La vida no es sencilla y menos cuando tienes responsabilidades y has perdido tu empleo. Yo lo sé bien.

LOS NUEVOS LIBROS

Como sabes logré sacar adelante los nuevos libros en nuestra pequeña Editorial Católica. Fueron hechos en familia.

"¿Por qué tantos?" me decían. "¿Por qué no los haces en una imprenta?"

El motivo es muy simple. Porque al hacerlos con nuestras manos y ofrecimientos, convertimos el trabajo en oración. Vale la pena este esfuerzo.

Todo lo que se hace por Jesús, vale la pena.

En el trayecto, me pasaron algunas cosas curiosas. Llegué a la emisora de un amigo para grabar unas cuñas de radio, para la editorial. Al entrar, en la emisora: "BUMMM" Se escucha una explosión y se va la luz.

Explotó el transformador de la esquina. "Esto nunca ha ocurrido", me dijo preocupado mi amigo. "Soy el culpable" le dije, sonriendo, y pensé: "seguramente los libros harán mucho bien a las almas".

Regresó la luz a la media hora y su computador, donde iba a mezclar la música con la voz, se dañó.

"¿Qué es esto?", se decían entre ellos. El técnico se llevó a su casa la cuña de radio para trabajarla allá y se enfermó por más de 15 días con una fuerte gripe.

Al final logramos perseverar y sacamos adelante la cuña.

Los libros estábamos trabajándolos en mi casa. Habíamos compaginado 57,467 páginas, engrapado 14,000 veces, ordenado las portadas 7,000 veces...

Salí para hacer unas diligencias y tomar un descanso. De pronto escuché un trueno violentísimo. Fue como una inmensa explosión. "Qué raro" me dije. "¿Será que va a llover?" porque el cielo no estaba tan oscuro.

Empezaba apenas a oscurecer. "Mejor me voy a casa antes que llueva". Cuando llegué, todos estaban asustados. "Claudio... ¡El rayo cayó en la casa!" "¿Cómo?" Todos estaban aturdidos y asustados por la explosión, los oídos tapados por el bombazo. Fue detrás de la cocina. Destruyó dos aires acondicionados y la casa se llenó de humo. Voló la tarjeta de red de la computadora...

Se vio una fuerte luz que envolvió la casa y fuego que salió del lugar donde golpeó el rayo (Gracias a Dios nadie salió lastimado).

En ese momento me acordé del sueño de los cuatro rayos de Don Bosco, que se cumplió cuando recibió en sus manos el decreto de privilegios de los Salesianos.

"Yo, que soy poca cosa, ya tengo mi primer rayo", me dije emocionado y pensé nuevamente en todo el bien que harían estos libritos.

BAJO EL MANTO DE LA VIRGEN

Desde su primer día, la editorial ha estado bajo el manto protector de la Virgen. Ella es nuestra Reina y procuramos trabajar bajo su mirada amorosa. Es patente su presencia, su amor de madre.

Parte de esta devoción surgió en Costa Rica. Solíamos ir a pasar las vacaciones del verano en la casona de mi abuela. Siempre he sido un poco despistado. Algunos vivimos como si estuviéramos en otros mundos. Pero tengo fija en mi mente la imagen serena de mi abuelita. Rezaba el rosario pausadamente.

Por algún motivo esto me tranquilizaba. Yo solía quedarme cerca, bajo su mirada amorosa, sabiendo que me cuidaba.

— No haga eso mijito — corregía con cariño y volvía a sumergirse en la oración.

A las 3:30 p.m. le llevaban una bandeja al cuarto y tomaba café, acompañado por unos panecillos calientes, mantequilla y mermelada casera. Mantuvo esta costumbre por años hasta el final de su vida.

Escribo y veo una foto suya que tengo frente a mí. Su sonrisa de abuelita, su mirada acogedora, su voz encantadora. Vieras cuánto falta me hace. Murió muy viejita, tal vez de ternura como suelen morir las abuelitas.

La noche que partió al Paraíso, los hijos le llevaron una serenata con las canciones que más le gustaban. Al final, se apagó, como una vela a la que sólo le queda un pedacito de candil.

Me cuentan también la historia de Cristina, una tía extraordinaria que vivió en Costa Rica. Practicaba con todos la caridad y era muy devota de la Virgen. Experimentó el amor que nos lleva a la santidad.

Pues en esto consiste la santidad: "en amar".

Fue uno de esos santos anónimos que no conocemos. Llevan una vida espiritual muy intensa. Todo lo hacen en la presencia de Dios. Al verlos, nadie lo sospecharía.

Cuando murió esta santa mujer, una bandada de palomas blancas, acompañó el cortejo fúnebre por las calles polvorientas de San Pedro. Fue algo muy comentado. Sorpresa... Extrañeza.

Dios se complace en obsequiarnos su inmenso amor, honrando a sus hijos amados.

Dios nada lo deja al azar. Es muy detallista. Me encanta tenerlo por Padre y saber que desde el cielo nos ve.

La Virgen, por su parte, nos corrige con ternura y nos muestra el camino que lleva a Jesús. Procura que todos nos salvemos, que seamos una gran familia en el cielo.

Y hace lo imposible por nuestra salvación. Por eso nos invita a la oración, la penitencia, el arrepentimiento.

Sabe que la Eternidad es algo demasiado importante para jugar con ella. Y sufre porque descuidamos el inmenso legado que poseemos: nuestra alma inmortal.

* * *

¿Tanta confianza depositada en María?

A través de los años experimento su protección maternal. Y sé que en este momento ella intercede también por tus necesidades y por las de tu familia.

¿Cómo no la he de tener? ¡Es mi Madre!

Tengo cientos de historias y vivencias personales. Con ellas podría escribir varios libros. Y de hecho es lo que hare, pero esto es tema para otros libros.

No dejaré nunca de agradecer al Buen Dios, a Jesús, al Espíritu Santo, a María, nuestra Madre celestial, a San José y a mi ángel de la guarda, por tanto amor que nos prodigan.

~~

¡Dulce Corazón de María... Sed la salvación del alma mía!

EL SILENCIO DE DIOS

Se habla mucho del silencio de Dios, yo prefiero hablar de la confianza. Confiar a pesar de todo, contra todo, sabiendo que Dios, en su momento, se hará sentir. Siempre lo hace. Suelo pensar, "Mira lo que se ha logrado con mi poca fe. Cómo será todo cuando crezca mi fe y confíe en verdad. Cuando tenga la certeza de Dios y no dude por las dificultades".

Estoy convencido que todo se lo debemos al Padre. Y que no dejaremos de crecer y llevar esperanza a los que la necesiten.

La clave para hacerlo, la descubrí leyendo la vida de la Madre Teresa de Calcuta. Está en la Adoración Eucarística. En ella renuevo mis fuerzas. Me llegan las palabras que debo escribir. Casi todos mis libros los escribo a la luz de la Sagrario, bajo la mirada amorosa de Jesús.

Paso mis días, viendo cómo sostener a mi familia, escribiendo, reflexionando, pensando mucho en Dios. Y lo poco que lo amamos.

Dentro de unos minutos debo dejar todo para ir a la escuela y recoger a Luis Felipe de 4 años, en el pre-escolar. Solemos jugar un rato en el patio del colegio antes de montarnos al auto. Ayer teníamos un avioncito de papel que él confeccionó y me mostraba orgulloso. Y nos divertimos en grande, lanzándolo al viento para verlo volar.

Suelo decir: "un libro, un alma", porque he visto las maravillas que hace el Buen Dios por medio de los libros. Y nunca dejo de asombrarme. Una mujer que decidió no abortar. Un padre de familia que conservó su vida, un joven que retomó el camino de la fe, una mujer que encontró consuelo en una terrible enfermedad. Cuando me cuentan les digo:

"Yo sólo escribo, Dios es quien toca los corazones, dele las gracias a Él".

~~

¿POR QUÉ LO HACEMOS?

Llevar adelante Ediciones Anab, una Editorial Católica, no es fácil. Hay tantos obstáculos en el camino. Sin embargo, debo confesar que nunca me había sentido tan feliz. Es como realizar un sueño, el anhelo de *"llevar esperanza"*.

Debo confesarte que no lo hago solo. Tantas personas nos apoyan silenciosamente, sin que nos demos cuenta. Otros adquieren los libros y los obsequian. Es un camino en el que vamos todos con un solo sueño: **Hacerlo por Jesús.**

Una vez puse un letrero en una mesita con mis libros: "PAGUE LO QUE QUIERA". Un señor se acercó y me preguntó: "¿Puedo pagar lo que desee?". Asentí con la cabeza y me extendió un cheque por US$400.00. Apenas me lo podía creer. "Quiero ayudarte", me dijo, "creo en lo que haces con tu familia".

Esto es una maravilla. Sientes que trabajas por algo grande, llevando esperanza, consolando. Es lo más maravilloso que te puede ocurrir.

Todo tiene un motivo. ¿Por qué un padre de familia con 4 hijos se dedica a esta "locura"? ¿Por qué sigo adelante a pesar que en ocasiones me llegan deseos de abandonar este apostolado? ¿Por qué escribo y comparto mis experiencias con el Buen Dios?

A veces, la verdad, ni yo mismo tengo la respuesta. Creo que todo se basa en una confianza, aún débil, que Él, como Padre amoroso, cuida, protege y hacer crecer en mi alma, con nuevas experiencias. Y lo hace de las formas más increíbles.

Cada vez que me desanimo por algún motivo, me parece que el Buen Dios envía una persona para ayudarnos a continuar.

De esta forma he ido recogiendo testimonios que me comparten los que leen nuestros libros.

He escuchado muchos testimonios. Pero hoy, me contaron uno, de los que más me han impresionado y que me llenó de ánimo para continuar. Es como una respuesta a tantos porqués. Un motivo para seguir.

Me encontraba en una empresa llevando unas facturas. Me hicieron pasar a una oficina donde me atendió la encargada. Conversamos de todo un poco y de pronto me dijo:

— Sabe señor Claudio, estaba leyendo uno de sus libritos, "Cómo Ganar el Corazón de Jesús". Hace unos días lo dejé por olvido sobre mi escritorio.

Entonces entró a mi oficina una de nuestras colaboradoras. Como estaba terminando una carta le pedí que me disculpara un momento.

Ella vio el libro, lo tomó y se puso a leerlo mientras esperaba. Cuando terminé, la vi llorando. Me sorprendí y le pregunté:

— ¿Qué te ocurre? Ella, con lágrimas en los ojos, profundamente emocionada respondió: — ¡Dios me ama! ¡Dios me ama!

— ¿Por qué lo dices? — Tenía un grave problema, y no sabía qué hacer. He tomado este librito de tu escritorio y leí sólo tres páginas. Y esas pocas páginas me hicieron comprender de golpe, todo el amor que Dios siente por mí.

La verdad, salí muy emocionado, pensando en las cosas de Dios, en las formas maravillosas como toca los corazones de las personas.

En los años que llevo escribiendo, contando mis aventuras con el Buen Dios, he visto cientos de personas que son tocadas por Él, inesperadamente, de formas admirables. Es algo por lo que siempre me maravillo y me lleno de esperanzas. Dios está presente, en medio de nosotros, en nosotros, sólo falta reconocerlo.

Me sorprende ver cómo, a través de unas palabras Él va transformando nuestras vidas. Esto me anima a continuar, a pesar de mi pobre fe, mis continuas caídas, los desalientos y el desánimo que nunca falta.

En todo apostolado tarde o temprano aparece el desaliento. El Buen Dios lo compensa de inmediato con "gracias" abundantes, con experiencias sorprendentes.

Me ha tocado experimentarlo una y otra vez, casi siempre en las mismas circunstancias: cuando por fin me decido a abandonar esto y emprender otro camino.

Dios es de lo más simpático. En cierta ocasión se me acerca una joven, compra uno de los libritos y me dice: "Quiero contarle por qué lo compré. Hace unos meses, desanimada, fui a una librería.

Antes de entrar oré pidiéndole a Dios que me mostrara cuál libro comprar, uno que me ayudara. Pasé frente a una estantería repleta de libros y, en ese momento, uno de ellos cayó al suelo. Lo recogí y lo coloqué en su lugar. Seguí viendo los libros y cuando pase nuevamente junto a la estantería, el libro volvió a caer frente a mí. Lo compré pensando en broma: "Si no lo compro me sigue hasta la entrada". Era un libro suyo: "Vivir para Dios". "Me ayudó muchísimo". Y remató con estas palabras: "No deje de escribir".

He seguido escribiendo porque Dios también a mí, me ha tocado. Y, a pesar de cómo soy, me muestra su Ternura y su Amor.

Me encanta ver cómo hace las cosas. Es admirable. Y bueno y tierno. Y justo.

AL AMPARO DE DIOS

Llegó un momento en mi vida, que me encontré en una encrucijada. Sentía que Dios me pedía algo en particular: Escribir. Contar mis experiencias en su Amor. Era algo extraordinario, vivencias de las que yo mismo me asombraba. Las promesas del Evangelio se cumplían una y otra vez. Me preguntaba a menudo: "¿Sabrán todos lo que es este inmenso tesoro?"

He comprobado que vale la pena vivir en la presencia de Dios. Que Él valora mucho nuestra confianza. Que le agrada cuando guardamos el estado de gracia.

También me he dado cuenta que las promesas del Evangelio se cumplen. Lo vivo cada día. He pasado estos años al amparo de Dios, sin que nada me faltase, al contrario, desde que elegí este camino, las puertas no cesan de abrirse a mi alrededor. Oportunidades insospechadas llegan sin cesar. Y yo sigo escribiendo, publicando mis experiencias con el Buen Dios. Buscando nuevas formas de remar mar adentro...

 Es tan sencillo. Casi siempre Dios se encarga. Le basta que tú quieras, que te animes... Que te decidas a hacer: "todo el bien que puedas, a todo el que puedas".

UN GESTO DE CONFIANZA

Mi hermano Henry salió en su auto hacia Colón, una tarde soleada. Empezaba a buscar a Dios en esos días y a experimentar la gracia de su presencia.

En medio de un camino solitario, sin nada a su alrededor, de pronto... ¡Pummm!, le estalló una llanta.

Se bajó del auto, abrió el baúl, y se dio cuenta que no traía llanta de repuesto. Era el colmo.

Entonces se quejó con Dios:

— ¿Así me tratas? — le dijo.

Cerró disgustado la tapa del baúl, levantó la mirada y se encontró de frente con un letrero que decía:

"SE REPARAN LLANTAS"

~~~

UN BICHO RARO

Ya perdí la cuenta de cuántas veces me han llamado: **"bicho raro"**, incluso una vez me dijeron: "pareces un marciano".

Lo cierto es que a veces me siento así, un bicho raro en este mundo. Y me pregunto si vale la pena tanto esfuerzo.

Me tomo un descanso y analizo las cosas. Con la razón, comprendo la fe, el camino, los porqués.

Y es que hay que extender nuestros pensamientos más allá de lo humano y llegar a lo espiritual. Pensar en términos de eternidad.

Cuando reflexionas en la eternidad, comprendes los motivos de Dios. Si comparas lo terrenal que es pasajero, con el alma que es eterna, te das cuenta que lo eterno pesa más, jala más y es mejor.

Recuerdo de niño un juego con una cuerda. Un grupo de niños jala hacia un lado, el otro jala hacia su lado. Gana el que logre hacer que el otro grupo de niños cruce una línea que se coloca en el centro.

Así es nuestra vida, de un lado jalamos hacia lo material, del otro lado jalamos por lo espiritual.

He notado que este tipo de vida se entiende poco, tal vez porque aún estamos agarrando la cuerda del lado equivocado.

Yo elijo lo eterno. Sin embargo, ante las dificultades, muchas veces flaqueo y me decido por lo temporal.

Son los tiempos en que se prueba nuestra fe. ¿Creeremos lo suficiente para confiar en Dios, a pesar de todo? Dejando a Dios actuar, tomar las decisiones, guiar nuestras vidas.

En esos momentos se vive de la gracia, para después vivir de la fe.

A veces soy un "bicho raro", debo reconocerlo, porque habiendo tenido la experiencia de Dios, sabiendo que está conmigo, algo en mí se rebela y jala por lo material.

Es verdad, a veces tomo la cuerda del lado equivocado. Me consuela saber que aunque me equivoco, Dios está conmigo para corregirme y recordarme amorosamente:

"Claudio, este lado de la cuerda es mejor".

¿Lo notaste? Me ha dado por escribir de la confianza. Confiar en el Buen Dios es lo menos que puedo hacer. Me alienta saber que no estamos solos, que Dios es nuestro Padre Celestial.

Por esto me encanta rezar con los salmos.

Hay tanta riqueza en ellos: "Confío en el Señor, mi alma espera y confía en su Palabra; mi alma aguarda al Señor, más que el centinela la aurora".

También encuentro alivio en sus promesas: "Bendito quien confía en el Señor y pone en el Señor su confianza. Será un árbol plantado junto al agua, que junto a la corriente echa raíces; cuando llegue el estío no lo sentirá, su hoja estará verde; en año de sequía no se inquieta, no deja de dar fruto".

A los 32 años, aprendí que Dios no se hace esperar.

Cuando me encuentro en una encrucijada me digo: "confiaré en Dios". Y nunca he quedado defraudado. He logrado salir adelante, porque Él me ha acompañado.

¿Qué puede hacer Dios?

Llenarnos de gracia, darnos paz abundante, abrirnos las puertas que estaban cerradas, iluminarnos para tomar las decisiones correctas, mostrarnos el camino; amarnos como nadie más nos puede amar... con su Ternura infinita.

Hay tanto que hace Dios por nosotros. Yo suelo pedirle que me abra los ojos y el corazón para reconocerlo en su creación, en los amaneceres, en los árboles, en los pobres, en la vida misma.

Ya ves, querido amigo, he querido contarte de la editorial y terminé hablándote de Dios. No podía ser de otra forma. Él me ha demostrado que puedo confiar en su Palabra. Que el Evangelio se cumple.

Prueba a confiar en Dios. Mi experiencia es que vale la pena. Sí... vale la pena confiar. Cuando Dios está en medio, todo sale bien. Lo he comprobado cientos de veces.

Una mañana me telefonea una amiga preguntando si recibo donaciones. "En este momento", respondí, "recibo lo que sea". "No lo vas a creer", continuó. "Tengo un amigo en Europa que de casualidad vio tu página en Internet. Se detuvo a navegar en ella y sintió una voz interior que le urgía: "AYÚDALOS". Y te ha mandado una donación en Euros". Fue increíble.

Otra vez ocurrió cuando los libros dejaron de venderse. Yo mismo los diagramaba, diseñaba las portadas, pero no muy bien. Estaba aprendiendo contra corriente. Recuerdo que fui al patio interior de mi casa, recé un rato y le dije a Dios: "Te devuelvo la Editorial. No hay nada que pueda hacer por ella".

Al día siguiente me escriben desde Chile:

"Usted no me conoce, pero me ha pasado algo curioso. Leía un libro suyo y sentí en mi interior como una voz que me pedía ayudarlo. Soy diseñadora gráfica y diseño libros para las editoriales católicas en mi país. Si usted me lo permite le voy a rediseñar todos sus y no le cobraré un centavo".

Apenas me lo creía. "¿Es en serio?", le pregunté. "Oh sí... debo ayudarlo..."

La joven rediseñó todos mis libros y volvimos a empezar.

MEJOR ENVÍA A OTRO

Cuando veo lo bondadoso que Dios ha sido conmigo, me doy cuenta que sería un desamor no hacer su voluntad. Al menos tratar.

Pienso que tal vez te ocurre. Me ha pasado, a veces, que me hago el sordo cuando me llega su voz.

Es muy cómodo decirle a Dios:

"Mejor manda a otro".

Una amiga me contó que salió una mañana dispuesta a amar a sus semejantes. En la entrada de un supermercado un hombre, sentado en la acera, la llamó. Ella se hizo la indiferente y casi le responde, cuando el hombre añadió:

"Perdone, no deseo pedirle dinero. Sólo que me haga el favor de comprarme un café en el supermercado".

Entonces le mostró sus piernas lisiadas. Y ella reconoció su error.

Dios nos habla de tantas formas y no siempre lo escuchamos.

Me recuerda a Moisés, cuando Dios le pidió que fuera a ver al Faraón. Moisés seguía buscando excusas para no hacerlo.

— ¡Ay, Señor! —respondió Moisés—. Yo no tengo facilidad de palabra, y esto no es solo de ayer ni de ahora que estás hablando con este siervo tuyo, sino de tiempo atrás. Siempre que hablo, se me traba la lengua.

Pero el Señor le contestó: — ¿Y quién le ha dado la boca al hombre? ¿Quién si no yo lo hace mudo, sordo, ciego, o que pueda ver? Así que, anda, que yo estaré contigo cuando hables, y te enseñaré lo que debes decir. Moisés insistió: — ¡Ay, Señor, por favor, envía a alguna otra persona! Entonces el Señor se enojó con Moisés, y le dijo: — ¡Pues ahí está tu hermano Aarón, el levita! Yo sé que él habla muy bien. Además él viene a tu encuentro, y se va a alegrar mucho de verte.

Me sonrío al recordar esta escena, porque Dios tomada una resolución no la cambia. No tienes dónde esconderte.

Generalmente Dios pide cosas muy sencillas.

Que lo amemos sobre todas las cosas. Sobre nuestros deseos de poseer bienes o figurar.

Nos pide orar con fervor. Porque cuando rezamos hablamos con Él. Desea que lo tengamos presente en nuestras vidas.

Decía el Padre Pío que la oración es la llave que abre el corazón de Dios.

También, ser sus brazos, sus pies, su corazón, en este mundo. Consolar, llevar alivio, compartir lo que tenemos. Amar al prójimo. No desearle ningún daño. Pedir por nuestros enemigos.

Perdonarlos a todos. Y que seamos santos por Él y para Él.

Yo, que conozco cuánto me falta por andar, suelo pedirle:

"Haz que me enamore más de ti, Señor, que te ame siempre más".

El domingo pasado, estando en misa, sentí en mi alma que Jesús me reprochaba con tristeza: "¿Por qué me tratas así?"

Qué mal me sentí.

"Porque soy un tonto", le respondí. Y le pedí perdón por lo indiferente que a veces soy a su Amor.

Estoy convencido que en el Amor todo es posible.

"Haz que me enamore más de ti, Señor", le repito.

Si amamos, todas las puertas se abrirán y podremos llegar a esos corazones que anhelan a Dios, que buscan consuelo y no lo encuentran.

Sólo hacer falta amar.

~~

Confía en Dios, tu padre.

EN UN ORATORIO

He venido a este lugar a encontrarme con Dios. Es un oratorio pequeño donde reinan la paz y el silencio. Aquí puedes reflexionar, pensar, orar.

Se siente la presencia viva de Dios en cada rincón.

La vida del hombre es una búsqueda incesante de Dios. Es aLgo que está dentro de él, buscar al Padre, encontrarlo, conocerlo y amarlo.

Dios quiere ser amado. Pero no a la fuerza, sino que lo ames con tu libre y propia voluntad.

Para amar a Dios, debes conocerlo.

No puedes amar algo que desconoces.

Por eso Dios se hace presente de tantas formas, te llama, te busca, se muestra. Es un Dios escondido que aparece en tantos lugares. Puedes hallarlo en su creación, en las iglesias, en el corazón del hombre, en la mirada suplicante de un pobre, aún en medio del dolor y la enfermedad.

Es un Dios escondido que se deja descubrir.

Sentí que me llamaba y quise acudir a su llamado: "Aquí estoy, le dije". Y sentí que respondía: "Escribe. Deben saber que los amo".

Abandoné todas mis actividades empresariales, y me senté a escribir. Pero, ¿qué contar?, ¿cómo empezar? Inicié desde el principio, cuando no buscaba a Dios y Él era casi un desconocido para mí. Sabía de su existencia, pero no vivía en su presencia.

Como muchos: trabajaba, comía, paseaba, terminaba mis días viendo una película. Pero no tenía un espacio para Él, ni siquiera un minuto. ¿La misa? Era la de algunos que conozco, iba y listo.

Dios me llamaba, me buscaba y salía a mi encuentro como el padre del hijo pródigo, pero yo no llegaba. Estaba distraído en otras cosa a las que daba más importancia.

Tal vez, unos años antes de morir podría acercarme a Él, como un seguro médico y tener cierta certeza del cielo. Quién sabe si esto era prudente. Jugaba con mi alma inmortal a la ruleta rusa.

Pero Dios, *qué bueno es,* cuidaba mis pasos. Jaló el cordel y me encontró del otro lado. No pude resistirme a su amor. Y aquí estoy, sentado frente al ordenador contando mi historia.

Cada uno tiene una misión en la vida. ¿Te has preguntado cuál es la tuya?

La mejor, en la que he pensado todo el día es ésta: *"Ser morada de Dios".*

NO TEMAS

Ánimo. Ten fe. Yo espero mucho de ti.

He visto a muchas personas sufrir y sentirse desamparadas al no poder conseguir otro trabajo. Es una situación muy dolorosa. Este libro te mostrará que la adversidad no es el final del camino. Perder tu empleo puede ser una oportunidad. ¿Cómo es esto posible? Ahora ves un árbol, aléjate un poco y verás el bosque.

Hace unos días recibí el testimonio de la Hna. Victoria del Corazón Inmaculado de María; Religiosa de la Fraternidad de la Divina Misericordia De los Sagrados Corazones de Jesús y María. "Hermoso", es la palabra que lo describe. Vivir tan cerca de Dios, tan feliz recorriendo el camino…

SÓLO LA DIVINA VOLUNTAD
DA LA FELICIDAD

"Hasta hace poco pensaba que mi vocación había nacido accidentalmente, como una florecilla silvestre a la vera del camino.
Así me parecía cuando meditaba sobre ello después de haber sentido el llamado a la vida religiosa.

Como San Juan evangelista, recuerdo el día y la hora de mi llamado: fue en una eucaristía y el evangelio era aquel en donde Jesús pedía a Pedro echar las redes a la derecha, luego de toda una noche de pesca infructuosa (Lc 5, 1). Al final de la homilía el padre dijo: "A mí, como a Pedro, el Señor me invita a echar las redes en su nombre. Si alguno aquí presente siente en su corazón que Dios le llama a seguirle más de cerca, que se ponga de pie y venga aquí adelante."

Aún hoy no sé explicar bien lo que sentí: ante esas palabras mi corazón se aceleró, mi respiración se hizo agitada y los sentimientos y pensamientos se mezclaron y agolparon en mi pecho de forma inusitada. ¿Qué era aquello que sentía? ¿Cómo podía Dios llamarme a mí, con todos mis defectos, a una vida consagrada? Yo tenía 31 años, ¿acaso no entraban las muchachas jovencitas a religiosas? Yo soñaba con tener familia, ¿cómo olvidar ese anhelo tan razonable y bueno? Pero ganó el sentimiento sobre la razón y aquel día me paré llorando y fui ante el altar para que la comunidad orara por mí.

Luego que me convencí de que no me había inventado aquella voz en mi interior que clamaba "ven y sígueme" inicié mi proceso vocacional y vine a hablar con el padre y la superiora en esta misma comunidad, donde ya colaboraba como laica comprometida y en donde sentí el llamado.

Empecé a asistir a la Eucaristía diaria y a la visita al Santísimo Sacramento, a quién le pedía constantemente luces sobre el sendero a seguir.

También me atreví a contarle a mi familia, sabiendo que me contradecía a mí misma y a todos los planes y metas que a ellos les había compartido. Ni siquiera pude culparles por no entenderme, ya que ni yo misma podía explicar lo que en mí pasaba. Era mi sentir como el del profeta Jeremías: "Había en mi corazón algo así como un fuego ardiente, prendido a mis huesos, y aunque yo trabajaba por ahogarlo, no podía". (Jr.20, 9)

Aunque el llamado era fuerte y específico a servir en esta Fraternidad, tuve muchas y muy razonables dudas al principio.

Aquí el apostolado es el de niños abandonados y maltratados, y yo, que nunca fui ni hábil ni paciente con más de un niño a la vez, tuve que preguntar al Señor, igual que María: "¿cómo será esto?" (Lc 1, 34). Más, si humanamente me sabía incapaz de ser una buena madre para tantos niños con tantos problemas, en mi corazón resonaban fuertes las palabras de aquel evangelio de mi llamado: "pero por tu palabra Señor, echaré las redes". (Lc 5, 5)

Han pasado ya casi seis años desde que decidí decir al Señor: "hágase en mí" (Lc 1, 38).

En el camino, y desde el principio, han habido toda suerte de obstáculos y tentaciones, como la oferta para el trabajo que había estado esperando por 10 años, a sólo un mes de iniciar la experiencia (oferta a la cual pude decir que no con un nudo en la garganta pero con mucha paz en el corazón); la oposición inicial de mi familia que, como José y María, no podían entender que me separase de su lado para encargarme de los asuntos del Padre (Lc 2, 49); la enfermedad y muerte de mi papá y de mi hermana mayor al comienzo de mi caminar. Sí, fueron muchos los vientos que azotaron mi barca y probaron mi fe en la Palabra del Señor y en mi llamado. Pero de esas pruebas he salido fortalecida y nunca me he arrepentido de dejar todo para seguir al Señor, de hacer Su Voluntad y no la mía.

A lo largo de este tiempo, la Palabra de Dios y la presencia constante de la Virgen María a mi lado han sido el apoyo que me ha sostenido y sacado adelante en cada situación. Y Jesús, que a veces parece dormir en la barca — si bien sé que su corazón sigue velando por mí — es siempre un amable, fino y considerado esposo, que se hace sentir en los detalles.

Para confirmarme el Señor que Su voluntad en mi vida era esta, el día de mi llegada al nuevo hogar, la Ciudadela de Jesús y María, me dio un hermoso detalle, cuyo grato perfume se extiende a mi vida quizás con más fuerza cada día que pasa.

Yo estaba feliz de entregar mi vida a Dios, pero triste de dejar a mi padre y mi hermana enfermos y de no poder cumplir mi promesa de acompañar a mis papás en su vejez. Llegué en la mañana y lloré intermitentemente todo el día.

Al llegar la hora de las Vísperas de aquel día lunes, recitábamos el salmo 45, y estas palabras golpearon mis sentidos: "Escucha, hija, mira, inclina el oído, olvida tu pueblo y la casa de tu Padre, prendido está el rey de tu belleza. Él es tu señor, ¡póstrate ante él...! En lugar de tus padres tendrás hijos, y los harás príncipes sobre toda la tierra". (Sal 45, 11-12).

Estas palabras, recitadas en comunidad, tuvieron tal efecto en mí, como si el propio arcángel Gabriel me las hubiera susurrado al oído. Miré a mi alrededor con asombro: tan fuerte y directa fue para mí esta manifestación de Dios, que pensé que todos los presentes sabrían que la Palabra de Dios me había sido dirigida aquella tarde.

Si bien nadie pareció percatarse de mi estupefacción, no he dudado nunca de la veracidad de esta experiencia. Recibí mi anunciación con gozo y ya nunca he vuelto a tener dudas por haber dejado la casa de mi padre y venir a desposarme con el rey, y ahora sé que mi vocación no fue un accidente, sino un designio amoroso e inmerecido de parte del Padre Eterno.

A lo largo de estos años me he dado cuenta también que los hijos que me daría el Señor a cambio de mis padres son éstos niños maltratados que ahora cuido, así como todos los necesitados que Dios ponga en mi camino para hacerlos príncipes, es decir, ayudarles a superar sus limitaciones y traumas y tener un futuro mejor.

Sé que aún no se ha manifestado lo que será (1Jn 3, 2), que falta mucho por caminar, pero, ¿cómo no ver que la voluntad de Dios en mi vida ha sido fecunda? ¿Cómo no reconocer que a cada paso puedo amar más esa divina Voluntad? Doy gracias a Jesús, nuestro Señor, ya que, como dice San Pablo, por él he obtenido "la gracia del apostolado" (Rm 1, 5).

Día a día me da la oportunidad de amar y cumplir la Voluntad de Dios, mi Padre, y de reconocer, sin lugar a dudas, que sólo su cumplimiento puede darme la felicidad en esta vida y en la otra… la verdadera".

UN LIBRO ESPECIAL

Una vez leí algo que me impresionó: "A veces olvidamos a Jesús, por las cosas de Jesús". Me ha pasado que por escribir y concentrarme en sacar adelante los libros, descuido la oración, mis visitas al Santísimo. Cuando justamente son la oración, la confianza y las visitas al Santísimo los que me ayudarán a llevarlos adelante.

La oración es ponerte en Su presencia amorosa. Te sientes amado, protegido, consentido. Y cuando lo visitas, se llena de ilusión por ti y te regala GRACIAS INIMAGINABLES.

Sin la oración, nuestro esfuerzo es inútil. Esto lo he comprobado mil veces. Y aun así, vuelvo a caer.

Lo único que nos queda es levantarme y continuar... Es lo que hice esta vez. Rezar y ponerme en sus manos amorosas.

Este año estoy por publicar nuevos libros. Había terminado de escribir, cerrando la colección, cuando un amigo me hizo una pregunta que me dejó inquieto. Se me acercó al terminar la Misa.

Nos sentamos en una de las bancas vacías y me dijo: "Quiero consultarte algo... ¿Cómo puedo ser amigo de Dios, si Dios es Dios?"

Lo miré extrañado, porque nunca me habían hecho una pregunta como ésta.

"Toda mi vida he buscado a Dios. Procuro servirle en lo que puedo... pero me ha surgido esta inquietud. Lo he visto como un Dios Todopoderoso, un Padre amoroso... pero nunca como un amigo".

"Eres Ministro de la Comunión", le respondí. "Tienes a Dios en tus manos. ¿Qué mejor gesto de amistad que dejarse llevar por ti?"

Saqué mi libreta de apuntes y anoté: "¿Cómo puedo ser amigo de Dios si Dios es Dios y nosotros simples mortales?"

"Te prometo que escribiré un libro al respecto" le dije. "Saldré en búsqueda de respuestas, para ti, para mí y para otros".

"¿Qué quiere Dios de nosotros?", me dije. Miré al Sagrario...

Tantas preguntas se agolparon en mi mente y salí pensativo de la Iglesia.

Estuve escribiendo dos días sin detenerme, sin mirar atrás. Las ideas bullían.

Me sentía como un reportero que visita el Paraíso y describe las maravillas que allí ve.

Sabe que estará apenas unos minutos y debe apurarse para poder memorizar lo más que pueda antes de abandonar el lugar.

Al final encontré la respuesta y en el lugar más inesperado. Terminé el libro. Lo titulé: "Qué quieres de mí Señor", porque hay que andar un buen trayecto cuestionándose, para hallar la Verdad.

Un conocido, al ver lo que hacemos me preguntó: "¿De dónde sacas recursos para publicar tus libros?"

"No tengo recursos para hacerlos", le respondí. "Ese trabajo se lo dejo a Dios. Es su editorial. Yo sólo escribo".

Sacó unos billetes y los colocó en el bolsillo de mi camisa.

"Es mi ofrenda, para tu apostolado", me dijo con amabilidad. Lo curioso es que ni siquiera era católico.

Los recursos llegan siempre de las formas más inesperadas. Los libros están llegando a muchos lugares y el buen Dios continúa tocando los corazones de los que los leen. En el camino he comprobado que Dios nos ama a pesar de todo, a pesar de cómo somos y las cosas que hacemos. Él nunca dejará de amarnos.

SOMOS SUS PEQUEÑOS

A menudo siento que Dios nos ve como a niños. Somos sus pequeños. Se ilusiona al vernos crecer, le alegran nuestros triunfos, está a tu lado cuando fracasas. Siempre está contigo. He descubierto que experimentar su presencia amorosa te transforma la vida. Después de esta experiencia, de este fuego que te quema el alma, ya no puedes ser el mismo.

Algo en ti ha cambiado, muy profundamente. Ves todo tan diferente. Tu corazón encuentra el sentido de las cosas. Se enciende, se inflama con su Amor. A partir de ese momento sólo puedes amar y te das cuenta que es verdad lo que decía san Aberto Hurtado:

"El hombre está en el mundo porque alguien lo amó: Dios. El hombre está en el mundo, para amar y para ser amado".

UN ACTO DE FE

Hace varios años, pasamos una época con dificultades económicas.

Sencillamente no nos alcanzaba el dinero y había que pagar el colegio de Ana Belén que ingresaba a cuarto grado. No sabía qué hacer y entonces recordé estas palabras de Jesús:

"Pedid y se os dará".

Frente a mi casa había una capilla así que crucé para recordarle a Jesús su promesa.

—Mira —le dije —, no puedo pagar el colegio de Ana Belén y tú dijiste pedid y se os dará. No sé qué vas a hacer, pero necesito tu ayuda.

Me quedé unos minutos acompañando a Jesús Sacramentado. Me despedí de él y regresé a mi casa. Cruzando la calle veo a Vida, mi esposa y a mis hijos en el balcón llamándome alborotados. Vida agitaba las manos.

— ¡Claudio! — gritaba mi esposa — ¡Acaban de llamarnos, becaron a Ana Belén!

No podía creerlo. Aún no terminaba de cruzar la calle y él, ya me había respondido.

—Tú sí eres rápido — le dije emocionado y miré al cielo profundamente agradecido.

Ese día comprendí lo maravilloso que es vivir abandonado en las manos del Padre. Dejando que él nos lleve donde desee.

Y empecé a vivir una serie de experiencias hermosas, que aún no terminan. Vivir de la Providencia, en la presencia de Dios.

. La siguiente semana, Ana Belén nos trajo un sobre sellado. Estaba dirigido a nosotros. Era de su escuela de ballet. Teníamos algunos meses atrasados. Vida, preocupada, me preguntó:

— ¿Qué hacemos?

— Pues no hay nada que hacer — le dije— abramos la carta. Así comamos arroz y frijoles no la sacaremos del ballet, porque es importante para ella.

La abrimos esa noche, los dos solos en nuestro cuarto, y Vida leyó en voz alta:

"Estimados señores de Castro. Deseamos que sepan que para nosotros es una alegría tener a su hija en nuestra academia, por tal motivo hemos decidido becarla. A partir de la fecha no tendrá que pagar por nada. Y esta beca tendrá la duración que ella desee".

Dicen que nadie le gana a Dios en generosidad.

Yo lo creo. Lo he comprobado cientos de veces.

Al mes becaron en el colegio a mi otro hijo, Claudio Guillermo.

Fue sorprendente, porque ambos estuvieron becados y siguen becados, aún, en la Universidad.

En esos días comprendí que estas experiencias con Dios, le pasan a muchos, sólo que algunos se dan cuenta y otros no.

EN UNA ENCRUCIJADA

¿Te despidieron del trabajo? ¿Estás en paro y no consigues empleo?

Es una situación muy dura. Pero no te dejes vencer. ¡Ánimo! Saldrás adelante. ¡Tú puedes!

He compartido contigo mis experiencias.

ESTO OCURRIÓ TAL COMO TE LO HE NARRADO. TRECE AÑOS DESPUES todo cambió…

Plasmé lo que aprendí en un libro de autoayuda y emprendimiento. Quería ayudar a otros que atravesaban una situación similar a que pudieran salir adelante.

Te recomiendo que lo leas. Se titula:

"10 claves para trabajar desde tu casa."

Lo tengo en formato digital e impreso en el portal de Amazon

Te será de gran ayuda. Cuando Dios está en medio, todo sale bien.

A veces, cuando siento que no puedo más, sencillamente dejo las cosas en las manos de Dios. Hago un acto de fe y de confianza.

Él siempre sabe qué hacer. En ese momento una fuerza interior, surge en mí, un amor tierno y puro, que me impulsa a seguir, a no desfallecer. Y vuelvo a empezar

A lo largo de estos años, llenos de dificultades y alegrías, he aprendido algo importante: Dios es mi Padre. Y sé con certeza que todo, lo hace para mi bien.

Por eso, cuando me siento triste, pienso en Dios.

Cuando me siento solo, pienso en Dios.

Cuando me siento agotado, pienso en Dios. Cuando me encuentro en una encrucijada, pienso en Dios.

Cuando sufro, pienso en Dios.

Cuando siento que las fuerzas no me alcanzan, pienso en Dios.

Entonces, todo se aclara. El panorama sombrío llega a ser como una tarde de verano. Soleada. Hermosa. Porque Dios es mi Padre. Y sé con certeza que todo, lo hace para mi bien.

Es el santo abandono.

La confianza plena.

Con Él, todo lo podemos.

PRESENCIA DE DIOS

Siempre recuerdo con afecto aquél amigo que me acompañó una tarde al Hogar de las monjas de la Caridad, de la Madre Teresa.

Llevamos alimentos y una alegría que se desbordaba en nuestras miradas.
Al regresar, mientras conducía, con lágrimas en los ojos, me decía mi amigo, emocionado como un niño:
— ¿Qué es esto? ¿Por qué me siento tan feliz?
—Es la alegría de dar —le respondí.

Un profundo silencio y una emoción tan grande, nos acompañaron durante el camino.

Era la presencia de Dios.

~~~

DIOS ESTÁ CERCA

* Hoy es un día especial. Dios está cerca.

* Hay días en que está más cercano, porque el corazón del hombre está dispuesto.

* Cada vez que una pequeña chispa salta en mi corazón ha venido el buen Dios a soplar para convertirla en una hoguera.

* De Dios procede la serenidad. El saber que nada nos ocurrirá pues él está con nosotros.

De Dios procede este amor que nos envuelve y abraza el corazón. Que nos hace llorar de emoción... El Buen Dios, todo amor y misericordia.

De Dios procede esta inmensa alegría que nos hace querer compartirla. Es tanta que sobra.

De Dios procede esta ternura que nos hace desear abrazar al enfermo, al hambriento, al anciano, al hermano, al solitario.
Dios todo lo da en abundancia.

Así de maravilloso es.

La vivencia de Dios es algo que no se puede explicar. Llevas una dulzura por dentro. La más leve falta se vuelve insoportable.

Dame Señor la gracia de poder confiar en ti plenamente, ciegamente, en todo momento.

* Sólo necesitas a Dios. Apégate al Señor, y saldrás victorioso.

* Tu vida debe transcurrir confiando y esperando en Dios.

* A Dios le encanta cuando sus hijos amados se esfuerzan por cambiar, cuando humildemente se acercan a la oración.

* Cumple la misión que Dios te ha encomendado. Hazlo con paciencia, humildad y amor, sin esperar nada a cambio. Hazlo sólo, porque Dios te lo pide. Hazlo porque lo amas, con todo el corazón.

* Leía el sacerdote de la Carta del Apóstol Santiago: "Hermanos: Sean pacientes hasta la venida del Señor. Vean cómo el labrador, con la esperanza de los frutos preciosos de la tierra, aguarda pacientemente las lluvias tempraneras y las tardías. Aguarden también ustedes con paciencia y mantengan firme el ánimo, porque la venida del Señor está cerca..."

De pronto escuché algo que no había oído antes y me dejó pensativo: "No murmuren, hermanos, los unos de los otros, para que el día del juicio no sean condenados".

Qué poco sabemos...

"Coloca Señor un guardia en mi boca, un centinela a la puerta de mis labios" (Salmo 141).

* Cuánto dolor debe experimentar Jesús, que todo lo ve y nos ama tanto.

La misma lengua que lo sostiene, es la lengua que murmura y hiere.

La misma mano que lo recibe, es la mano que mata y roba.

El mismo cuerpo que lo acoge, lo profanamos con el pecado.

Perdón Señor, perdón...

* Jesús nos pide perdonar setenta veces siete, y en su bondad, nos enseña el camino, perdonando siempre nuestras ofensas.

* — Consoladme —parece decirnos Jesús desde el sagrario, — por todos los que no me aman.

* Tienes la hostia consagrada y le dices: "Sé que eres que tú, Jesús". Y te confrontas a diario porque sólo ves un pedacito de pan.

* Ayer, mientras repartía la santa comunión, entre una persona y otra, le decía a Jesús Sacramentado: "Creo Señor... pero aumenta mi fe".

* Renuncia a ti mismo. ¿Es tan difícil?

* — Dios, ¿dónde estás?
— Aquí, contigo, donde siempre he estado.

* No te preocupes. Con Dios, lo mejor siempre está por venir.

* Le perteneces a Dios. Camina recto delante de él.

* Ten contento al Señor, con tus buenas obras, aceptando en todo su Santa voluntad.

* Cada vez que lo permites, Dios se hace presente en tu vida. Te llena. Te da paz interior. Y vida eterna.

* Sediento estoy de Dios. Del Dios de la vida (salmo 42).

* Asiste a la Santa Misa con regularidad, como enseñaba un sacerdote: "porque estás convencido, porque te quieres encontrar con Dios".

* ¡Qué bueno eres, Jesús!

* Mi pequeño Jesús, abandonado, en el Sagrario.

* Te imagino totalmente entregado a Dios. Silencioso. Pensativo. Disfrutando plenamente de esa paz y ese amor que sólo Dios sabe dar. Disfrutando y guardando celosamente este secreto tan íntimo. Dios y uno. Con su grandeza, su amor, y su misericordia

* Dios es maravilloso. El que no lo ve es porque tiene cerrados los ojos y el corazón.

* Aún en el lugar más tenebroso, hay una llamita que Dios ha sembrado para iluminar el camino de los suyos.

~~~

Dios todo lo puede. Y si llevas a Dios contigo, si vives en su presencia, también lo podrás todo.

¿QUÉ HACER?

Hace unos días le contaba a mi sobrinito de 10 años lo que es vivir en la presencia de Dios, el estado de gracia. Me sorprendió porque me miró a los ojos y con naturalidad preguntó:

— ¿Tú vives en estado de gracia?
— Procuro —le respondí —, pero no siempre lo consigo.

Santa Catalina de Siena escribió: "La verdadera perfección consiste en esto: hacer siempre la santísima voluntad de Dios."

Es algo tan sencillo que asombra. Ganar su corazón con el Amor. Obedeciendo sus mandatos. Permaneciendo en su presencia Amorosa. Procurando vivir en santidad.

"Confía en el Señor y haz el bien, habita la tierra y come tranquilo. Pon tu alegría en el Señor, Él te dará lo que ansió tu corazón. Encomienda al Señor tus empresas, confía en él, que lo hará bien. Hará brillar tus méritos como la luz y tus derechos como el sol del mediodía" (Salmo 37).

Esta tarde he pensado mucho en Jesús, solo, en aquél sagrario cercano.

Desde aquí puedo ver la capilla, al otro lado de la calle, tras unos árboles.

Me gusta asomarme e imaginar que estoy con él, haciéndole compañía.

"Ey, Jesús, aquí estoy".
Y Jesús feliz me responde:
"Holaaa".

Su bondad es algo que sobrepasa nuestro entendimiento.

"Jesús, no quiero que te sientas solo. ¿Te puedo acompañar desde aquí?"

"Claudio, no sabes cuánto me ilusiona que me visiten".
"Me encantan tus visitas, aunque sean desde una ventana".

Me he puesto a conversar con Él parte de la tarde. Y estoy tan contento. Sientes la gracia que él te da. Los consuelos espirituales con que te bendice.

~~~

PUEDES SER EXITOSO

El éxito viene en muchas envolturas, es como la famosa caja de chocolates en la película Forest Gumb, siempre será una sorpresa el sabor que te toque. Veo el éxito como una caja de dulces, con muchas envolturas y sabores. Cada cual va a elegir el éxito desde su perspectiva. Yo prefiero pensar que ser exitoso es ser feliz.

Estamos llamados a ser felices. Es lo que Dios nos pide: *"Estad siempre alegres en el Señor; os lo repito, estad alegres"* (Filipenses 4,4)

La necesidad nos obliga a ser creativos, es un gran aliciente. Sé creativo, emprendedor, no te dejes vencer. Si la necesidad te obliga a trabajar en casa, hazlo, diviértete haciéndolo, saca provecho de tu nueva situación, que valga la pena.

Yo sé que puedes. No es imposible. Lo hago a diario y conozco a muchos que también disfrutan este tipo de vida, diferente, especial, como un regalo que se nos da.

Te deseo el éxito que viene en la envoltura de la felicidad.

SER EXITOSO

¿Cómo lo haces?

Es la pregunta más frecuente. Un amigo recientemente me comentó: "Hay días en que no sé cómo arrancar".

La verdad es que todo inicio cuesta, no es fácil. Acostumbrado a una rutina de trabajo, verme libre de ella me desconcentraba y a menudo no sabía qué hacer en el día.

Cuando empecé a escribir era un soñador, armaba mis libros artesanalmente en casa. Me ayudaba mi familia. Eran largas horas escribiendo, diagramando y armando los libros, engrapando sus portadas. Recuerdo que terminaba tan cansado que me costaba levantarme al día siguiente.

Nunca me pregunté si aquello tenía sentido. Era un sueño que se hacía tangible. Era lo único que pensaba. "No puedo rendirme".

Muchas personas no comprendieron lo que trataba de lograr y me preguntaban:
— ¿Cuándo vas a trabajar?

Yo sonreía y respondía:
— Estoy trabajando.
— Pero en una empresa.
— Tengo mi empresa.
— Sí... pero un trabajo de verdad.

Vaya que me costó que confiaran en lo que estaba haciendo. Y les comprendo. Estamos acostumbrados a ver la vida desde la óptica de un trabajo seguro, una casa, una jubilación. Y yo la veía a mis 50 años desde una esquina diferente, sería mi última gran oportunidad. Había perdido demasiado tiempo y ya no quería seguir así. De haber sabido lo que ahora sé, lo habría hecho desde los 25 años.

Siempre recuerdo una tarde que busqué a mi hermano en su trabajo. Yo tenía 18 años, él 24, y me dijo:
— A partir de este momento jamás volveré a trabajar para alguien.
Lo miré extrañado. Tenía un salario buenísimo... *¿Estaba loco?* Creó algunas empresas, trabajo en su casa y nunca volvió a trabajar para nadie.

EL CAMINO

¿Elegí el camino más difícil? Tal vez. Habría sido más sencillo enviar mis libros a diferentes editoriales y esperar pacientemente a que alguna apoyara mi trabajo. Pero yo tenía tales energías y determinación que quise avanzar a pesar de todos los obstáculos.

Al principio no vendía ningún libro. Me quedaba con todo lo que había armado la noche anterior sin saber qué hacer con ellos. Entonces pensé: "Necesito aprender a vender mis libros, debo prepararme mejor" Y busqué a mi hermano Henry, un experto en ventas, para que me enseñara.

No sabía hacer portadas que animaran a los lectores y pedía ayuda a varios diseñadores gráficos que me enseñaron cómo afectaban los colores las ventas de un producto. Ahora uso mucho los colores: rojo, azul, amarillo, blanco y naranja.

Uso letras tamaño 13 para que todos puedan leer los libros y empleo la fuente Times New Roman.

Como parte de mi aprendizaje, pasé meses en diferentes librerías. Preguntaba sobre los libros, el mejor tamaño, tipos de letras, diagramaciones…

Solía preguntar: "¿Cuáles son los libros que más se venden?", me los mostraban y analizaba el tamaño, los colores, el diseño de la portada, los tipos de fuentes, el tamaño de la letra, la diagramación interior, las ilustraciones…

Así fui aprendiendo y mejorando mis libros. Pronto pude colocarlos en diferentes puntos de ventas y empecé a vender. Era una sensación increíble.

No tengas miedo.
No estamos solos. Dios siempre nos acompaña.

TÚ PUEDES

El buen Dios me ha enseñado muchas cosas. Sobre todo el silencio, cuando deseo responder una ofensa. Callar y ofrecer. No imaginas cuánto me cuesta.

Aceptar que las cosas ocurren para bien de los hombres, aunque no podamos comprenderlas. Esto me cuesta más.

Sonreír y tener caridad cuando alguien te lastima. Para mí es casi imposible. Pero procuro hacerlo, por Jesús.

Aconsejaba el Papa Juan XXIII: "Comprender, no criticar".

Siento que apenas gateo, cuando ya debiera correr, en la fe y la esperanza.

Qué difícil es el camino que lleva a Dios, y es a la vez tan dulce y lleno de esperanza.

Es el único que quiero andar. Ningún otro te hará feliz.

De pequeño, mi mayor ilusión era ser santo, para agradar a Dios. Todo parecía tan sencillo. Vivía sumergido en su ternura y su amor. De grande, este anhelo se convierte en una batalla cotidiana, contra uno mismo, tratando de ser mejor.

¿De dónde saco las fuerzas para continuar?

De Jesús Sacramentado. De la oración cotidiana. De la Palabra de Dios. Del santo abandono, dejando que Dios actúe en mi vida.

Para alguien como yo, es imposible vivir sin la Eucaristía.

Siendo como soy, me parece que elegiré al final el camino de santa Teresita de Jesús: El amor. Dejar a Dios actuar en mi vida. Y pedirle a Jesús que me muestre el camino a seguir.

A menudo medito en las cosas que me ocurren. He notado que cuando dejo la comunión diaria, la vida se me hace más inquietante. Dejo de ver las cosas con claridad, me expongo a mayores peligros, para mi alma.

Últimamente he abandonado esa hermosa costumbre, habituarme a ser un sagrario vivo y llevar a Jesús a los demás.

Dejar que Dios habite en mí y yo en él.

Nos llenamos de pereza y de pronto un día dejamos de ir, luego otro y otro y cuando acordamos nos hemos convertido en personas dominicales.

Venía pensando en esto. Cuando dejo la comunión diaria, las tentaciones son más frecuentes, más intensas. Y caigo con mayor facilidad. Soy otro Claudio, el que no quiero ser.

Ya lo decía el buen Padre Ángel: "Quien no ora no necesita diablo que lo tiente".

La Eucaristía es la más perfecta de las oraciones, la más enriquecedora, la que más llena el alma de gracias y consuelos.

Me propuse retornar a la misa diaria. Hoy fue mi primer nuevo día. Un nuevo acercamiento con Jesús Sacramentado.

Me pasaron dos cosas curiosas. Fui a una capilla pequeña, familiar. Llegué unos minutos tarde. La capilla estaba llenísima. El padre al verme entrar y mirar a todos lados, buscando donde sentarme, me dijo desde el altar: "Ven Claudio, siéntate a mi izquierda".

Y yo pensaba: "Señor, ¿por qué me tienes tan cerca de ti?" Y sentía en el corazón esta respuesta: "porque te amo".

Al terminar la misa una señora se me acercó y me dijo:

"He sentido en el corazón que debo decirte estas palabras: Toda persona que Evangelice y se dedique a seguir mi camino debe acercarse a la Eucaristía diaria".

Así es Señor, volveré a verte todos los días.

Y estar contigo.

Y vivir en ti, por ti y para ti.

PARA TERMINAR

Amable lector, gracias por adquirir mi libro. Espero que te sientas más animado ahora que has terminado de leerlo. No te preocupes. Estoy seguro que te va a ir muy bien. No es fácil salir adelante, pero tampoco imposible.

Lo importante, según mi experiencia, es que vivimos en un m mundo lleno de oportunidades.

No te desanimes. Tú puedes. ¡Vamos! ¡NO TE RINDAS!

Confía, haz lo que puedas y el resto déjaselo a Dios.

~~~

SOBRE EL AUTOR

Claudio de Castro (1957 –) es un autor católico, panameño, que ha publicado innumerables obras de espiritualidad, emprendimiento, auto-ayuda, vida en familia y crecimiento de la vida interior.

Sus libros son sencillos, hablan sobre la vida cotidiana de un padre de familia que busca a Dios en medio de los problemas de cada día. Cualquier lector se podrá identificar de inmediato. Tal vez por eso sus libros gustan tanto y se leen tan fácilmente. Son libros que inspiran.

Se encuentran disponibles en librerías de varios países y en el portal de Amazon. Basta que ingreses su nombre en el buscador de Amazon para que puedas darle una mirada a sus muchos libros que tanto bien hacen a los lectores.

Actualmente Claudio vive en Panamá, con su esposa e hijos y dedica todo su tiempo a evangelizar por medio de la palabra escrita.

CONTACTE AL AUTOR

Disfruto mucho cuando mis lectores me escriben y me cuentan sobre el libro y sus vidas.

Puedes escribirme si lo deseas.
Éste es mi correo electrónico:

cv2decastro@hotmail.com

Visita mi página de autor

www.claudiodecastro.com

www.ingramcontent.com/pod-product-compliance
Lightning Source LLC
Chambersburg PA
CBHW070253230526
45470CB00002B/585